U0033792

閻錫山故居所藏第二戰區史料

第二戰區
抗戰大事記
（1943-1945）

**Historical Documents of the Second Theater
in the Yan Hsi-shan' s Residence**

The Daily Records of the Second Theater

in the Second Sino-Japanese War,

1943-1945

編序

呂芳上
民國歷史文化學社社長

一

　　閻錫山，字伯川，光緒9年（1883）生於山西五臺縣河邊村。先入山西太原武備學堂，後東渡日本，進入東京振武學校就讀，步兵第三十一聯隊實習，再至日本陸軍士官學校攻研。在東京時，因結識孫中山，而加入中國同盟會，從事革命工作。畢業後，返回山西，擔任山西陸軍小學教官、監督，新軍第二標教官、標統。辛亥革命爆發後，10月29日，領導新軍發動起義，呼應革命，宣布山西獨立。

　　閻錫山自民國元年（1912）擔任山西都督起，歷任山西督軍、山西省長。國民政府北伐以後，更於民國16年（1927）6月舉旗響應，擔任過國民革命軍北方總司令、國民政府委員、第三集團軍總司令、中國國民黨中央政治會議太原分會主席、軍事委員會委員、平津衛戍司令、內政部部長、蒙藏委員會委員長、中國國民黨中央執行委員、陸海空軍副總司令、軍事委員會副委員長、太原綏靖主任等職。

　　抗戰爆發，軍事委員會為適應戰局，劃分全國各接戰地帶，實行戰區制度，閻錫山於民國26年（1937）8月11日就任第二戰區司令長官，統率山西軍民對抗

II 　閻錫山故居所藏第二戰區史料 **第二戰區抗戰大事記**（1943-1945）
Historical Documents of the Second Theater in the Yan Hsi-shan's Residence
The Daily Records of the Second Theater in the Second Sino-Japanese War, 1943-1945

日軍侵略，雖軍力落差，山西泰半淪陷，但閻錫山幾乎都坐鎮在司令長官部，民國 38 年（1949）接掌中央職務之前，沒有離開負責的防地。

抗戰勝利後，閻錫山回到太原接受日本第一軍司令官澄田睞四郎的投降，擔任山西省政府主席、太原綏靖公署主任。民國 38 年（1949）6 月，在風雨飄搖中接任行政院院長，並兼任國防部部長，從廣州、重慶、成都到臺北，締造個人政治生涯高峰。39 年（1950）3 月，蔣中正總統復行視事，政局穩定後，率內閣總辭，交棒給陳誠。

從辛亥革命起，閻錫山在山西主持政務，既為地方實力派人物，矢志建設家鄉，故嘗大力倡導軍國民主義，推行六政三事，創立村政，推動土地改革、兵農合一等制度，力圖將山西建立為中華民國的模範省。此期間，民國政治雲翻雨覆，未步軌道，許多擁有地方實權者，擅於玩弄權力遊戲，閻氏亦不能例外。

民國 39 年（1950）3 月，閻錫山卸下閣揆後，僅擔任總統府資政，隱居於陽明山「種能洞」。在人生中的最後十年，悉心研究，著書立說。民國 49 年（1960）5 月病逝，葬於陽明山故居之旁。

二

閻錫山一向重視個人資料之庋藏，不只廣為蒐集，且善加整理保存。其個人檔案於民國 60 年（1971）移交國史館以專檔保存，內容包括「要電錄存」、「各方往來電文」、日記及雜件等，均屬民國歷史重要研究材

料。民國 92 年（2003）國史館曾就閻檔 27 箱，選擇
「要電錄存」，編成《閻錫山檔案》十冊出版，很引起
學界重視。這批史料內容起於民國元年（1912）迄於民
國 15 年（1926），對 1910 年代、1920 年代北京政局
變換歷史的了解，很有幫助。

　　民國歷史文化學社致力於民國史史料的編纂與出
版，近年得悉閻錫山在臺北故居存有閻錫山先生所藏親
筆著作、抗戰史料、山西建設史料等豐富典藏，對重構
民國時期山西省政輪廓，尤見助益，本社遂極力爭取，
進而出版以嘉惠士林。民國 111 年（2022），本社承臺
北市政府文化局與閻伯川紀念會之授權，首先獲得機會
出版「閻錫山故居所藏第二戰區史料」叢書，內容包含
抗戰時期第二戰區重要戰役經過、第二戰區的經營、第
二戰區重要人物錄、第二戰區為國犧牲軍民紀實，以及
第二戰區八年的大事記等，均屬研究第二戰區與華北戰
場的基本重要資料。

三

　　最近幾年海峽兩岸競相出版抗戰史料，對抗戰史之
研究，雖有相當幫助，但許多空闕猶待彌補，即以戰區
設立為例，是政府為考量政治、補給、戰略與戰術需要
而設立的制度，初與軍委會委員長行營並行，其規模與
人事，常隨著時局、情勢有所變動。民國 26 年（1937）
8 月設有第一至第九戰區、一個綏靖公署，次年 8 月後
調整為第一至第十戰區，另設兩個游擊戰區、一個行
營。其所轄地域、人事異動、所屬軍系，中央與戰區的

IV 閻錫山故居所藏第二戰區史料 **第二戰區抗戰大事記**（1943-1945）
Historical Documents of the Second Theater in the Yan Hsi-shan's Residence
The Daily Records of the Second Theater in the Second Sino-Japanese War, 1943-1945

複雜關係，戰區與戰區間的平行互動，甚至戰區與中
共、日敵、偽軍之間的詭譎往來，尤其是戰區在抗戰
時期的整體表現，均可由史料的不斷出土，獲致進一步
釐清。

　　「閻錫山故居所藏第二戰區史料」的出版，不只可
以帶動史學界對第二戰區的認識，而且對其他戰區研究
的推進，甚而整體抗日戰史研究的深化，均有一定意
義。這正是本社出版這套史料叢書的初衷。

編輯説明

　　《第二戰區抗戰大事記》收錄閻錫山故居庋藏「第二戰區抗戰大事記」與「第二戰區抗戰大事表」，由第二戰區司令長官司令部現代化編譯組負責編纂。資料內容起自民國 26 年 7 月 7 日蘆溝橋事變當天，終至民國 34 年 7 月 2 日。每份原稿，均是由前一年度的 7 月 7 日，至後一年度的 7 月 6 日，幾乎完整記錄了抗戰八年第二戰區的歷程。

　　本社特將八年份的大事記，以兩年為一本，分成 1937-1939、1939-1941、1941-1943、1943-1945，共四本出版，並保留原件的日期模式。

　　原件大事記為表格形式，分「二戰區」、「國內」、「國際」三個欄位，記錄當天第二戰區的重要情勢，以及編譯組認為重要的國內與國際消息。本書出版時，則將表格欄位簡化，改以條列表示。

　　為保留原稿抗戰時期第二戰區的視角，書中的「奸」、「逆」、「偽」等用語，予以維持，不加引號。

　　書中或有烏焉成馬，也一概如實照錄，不加修改。例如浙江、廣東等地的地名，或外國的人名、地名，偶見有謄錄錯誤之處，或可窺見身處山西克難坡窰洞中的編譯組成員們，對外界的理解。

　　此外，為便利閱讀，部分罕用字、簡字、通同字，

VI 閻錫山故居所藏第二戰區史料 **第二戰區抗戰大事記**（1943-1945）
Historical Documents of the Second Theater in the Yan Hsi-shan's Residence
The Daily Records of the Second Theater in the Second Sino-Japanese War, 1943-1945

在不影響文意下，改以現行字標示。原稿無法辨識，或
因年代久遠遭受蟲蛀、汙損的部分，以■表示。原稿留
空處，則以□表示。長官閱覽時的批註，以〔〕表示。
編輯部的註解，則以【】表示，如當日未記錄任何內
容，註明【無記載】。

　　以上如有未竟之處，尚祈方家指正。

目錄

ii 閻錫山故居所藏第二戰區史料 **第二戰區抗戰大事記**（1943-1945）
Historical Documents of the Second Theater in the Yan Hsi-shan's Residence
The Daily Records of the Second Theater in the Second Sino-Japanese War, 1943-1945

民國 34 年（1945）

原序

第二戰區司令長官司令部現代化編譯組

　　古之作史者，紀、傳、志、表並重。蓋紀所以辨系統，記本末；傳所以著人物，彰言行；志所以誌典章，明因革；至於表者，則以時為經，舉要提綱，綜合而誌其概略者也。文簡而明，事賅而詳，綱舉目張，稽考便利，乃其所長。如世表、年表、月表皆其彰彰著者。歐美史籍，亦重斯義，或製專冊，或附編末，學者每認為治亂理棼，比較參照之要具。抗戰以來，二戰區內之一切演變，皆極繁劇，雖曰各有專編載記，而卷秩較繁，驟難尋繹，故大事表之作，誠不容緩。本表起自雙七事變，以第二戰區為主體，舉凡有關抗戰之設施事蹟，無論軍政、民運，咸逐日擇要記入。另附國內、國際兩聯，擇其尤要者而記之，以便參照。庶幾展卷瞭然，可觀其會通焉。

民國 32 年（1943）

7月7日
二戰區

　　閻長官發表告組政軍教同志書，以完成鐵軍，建立人心政權，完成自給自足為努力目標。

國內

　　蔣委員長在渝受美總統所贈最高統帥勛章。

國際

　　吉羅德謁見美總統。

7月8日
二戰區

　　暫三十八師第三團向南賈、西賈猛攻，連長李耒全陣亡。

國內

　　滇西我軍克復孟定。

　　國府任命陳介為駐巴西全權大使。

國際

　　倭控置下之印傀儡成立國民軍。

7月9日
二戰區

　　興集各界公祭抗戰陣亡殊勛將士及死難同胞。

　　稷山以北敵侵入張家莊、劉家莊、高渠、仁義等地。

4 閻錫山故居所藏第二戰區史料 **第二戰區抗戰大事記**（1943-1945）
Historical Documents of the Second Theater in the Yan Hsi-shan's Residence
The Daily Records of the Second Theater in the Second Sino-Japanese War, 1943-1945

國內

　　豫東我軍襲楊集車站。

國際

　　西南太平洋盟軍進抵蒙達近郊。

7月10日

二戰區

　　敵卅五、卅六、卅七師團各一部，由安陽、道清路、晉高路再度進犯太行區，與廿七軍在陵川地區激戰。

國內

　　鄂北我軍出襲廣水，在二郎店與敵激戰。

國際

　　北非盟軍以飛機千架掩護軍艦兩千艘在西西里島登陸。

7月11日

二戰區

　　稷山敵復向北進犯，我軍堅守張家莊以北陣地。

國內

　　粵境我軍襲擊花縣三再市。

國際

　　登陸盟軍佔領塞拉庫斯。

7月12日

二戰區

　　七十三師向高渠狙擊掩護民夫築溝敵人。

國際

　　美陸長史汀生在英商新作戰計劃。

　　蘇軍在比爾哥羅德開始反攻。

7 月 13 日
二戰區

　　廿七軍陳師在高平、沁水間之小柿莊、固縣鎮激戰後向南移動。

國內

　　美機自滇轟炸緬甸鴻基煤港電力廠。

國際

　　登陸盟軍佔領德軍防地雷格撒。

7 月 14 日
二戰區

　　晉省製定工作競賽檢查通則，電令各地組、政、軍、教、經各部門，自七月十五日至十月廿八日為準備期，廿九日至三十三年一月底終止競賽。

國際

　　盟機飛襲意本土之那不勒斯港。

7 月 15 日
二戰區

　　第三縱隊在稷山、高渠衝散做工民夫，暫四十四師亦夜襲仁義、韓家莊等地。

6　閻錫山故居所藏第二戰區史料 **第二戰區抗戰大事記**（1943-1945）
Historical Documents of the Second Theater in the Yan Hsi-shan's Residence
The Daily Records of the Second Theater in the Second Sino-Japanese War, 1943-1945

國內

三十二年第一次高考初試放榜。

國際

美國設立經濟作戰局。

7月16日

二戰區

暫四十四師續攻高渠村，在東莊與敵激戰。

國際

羅、邱要求義人投降盟國。

蘇軍三路進攻奧勒爾。

7月17日

二戰區

洪洞、西熟堡敵各路犯鄭家寨。

國內

挪威與我國決定互派大使。

國際

盟軍在西西里成立軍政府，由亞歷山大任軍事行政
長官。

7月18日

二戰區

我軍擊散新絳三界莊構築封鎖壕敵。

國內

鄂北我軍衝入隨縣敵機場。

全國六學術團體在渝開年會。

國際

自由德意志民族委員會在蘇成立。

7 月 19 日

二戰區

陽城敵向西冶、南北獨泉進犯，與我軍在激戰中。

國際

盟機首次轟炸羅馬。

希、莫在義北部會談。

7 月 20 日

二戰區

平陸等地敵三路會犯麻峪，我保七團奮勇迎戰，連長張奇、鄭進財等陣亡。

國內

鄂西敵向楊家舖進犯，被我擊退。

國際

英、加軍攻佔西島要點恩那。

7 月 21 日

二戰區

敵與我七十三師在張家莊、劉家莊整日激戰。

國內

魯南敵分路向滕縣、費縣山區進犯。

8 　閻錫山故居所藏第二戰區史料 **第二戰區抗戰大事記**（1943-1945）
Historical Documents of the Second Theater in the Yan Hsi-shan's Residence
The Daily Records of the Second Theater in the Second Sino-Japanese War, 1943-1945

國際

蘇軍攻入波爾科夫。

7月22日

二戰區

我暫四十四師、七十三師續填稷山以北一帶敵封鎖壕。

國內

皖南我軍向南陵縣奎潭鎮敵進襲。

美機在湘擊落敵機十六架。

國際

美軍攻佔西島首府巴勒摩。

7月23日

二戰區

二一八團在稷山劉家莊以西破毀敵構做封鎖壕。

國內

美駐華空軍轟炸白螺磯敵機場。

國際

宋外長抵英倫。

奧勒爾蘇軍續向前進。

7月24日

二戰區

本省簡易師範改為第一師範。

國內

　　法學會在渝開會，蔣委員長以導揚正論、倡明法治相勉。

國際

　　盟軍攻入馬薩拉。

7 月 25 日

二戰區

　　二一八團深入劉家莊、清水莊打擊做壕敵人。

國內

　　敵機分批襲擾湘中。

國際

　　義王下詔免莫索里尼職，任命巴多格里奧為首相。

7 月 26 日

二戰區

　　二一九團掩護民夫填張家莊一帶敵築之封鎖壕。

國內

　　敵機二十架再擾閩北之建甌。

國際

　　莫氏被禁後，巴氏下令消除一切法西斯標記及調駐南、希、法義軍回國。

7 月 27 日

二戰區

　　暫四十四師對韓家莊、仁義之敵攻擊，掩護民夫

10 閻錫山故居所藏第二戰區史料 **第二戰區抗戰大事記**（1943-1945）
Historical Documents of the Second Theater in the Yan Hsi-shan's Residence
The Daily Records of the Second Theater in the Second Sino-Japanese War, 1943-1945

填壕。

國內

美駐華空軍轟炸香港。

國際

宋外長子文謁見英王。

美軍總攻擊蒙達並炸威克島。

7月28日

二戰區

暫四十四師掩護民夫填韓家莊、高渠一帶封鎖壕。

第三團第五連連長韓啟明陣亡。

國內

我軍進攻餘杭鳳凰山敵。

國際

德軍開入義國北部。

7月29日

二戰區

七十三師二一九團襲擊劉家敵掩護民夫填壕。

國內

粵境敵犯橫岡，被我擊退。

國際

美認自由德國宣言，乃蘇聯單獨行動表示，故擬戰
後歐洲計劃，積極工作。

7 月 30 日
二戰區

汾陽三泉敵出擾仁道村，被騎四師敵退。

國際

義上、下議院被解散。

7 月 31 日
二戰區

七十二師二一五團一營，在臨汾西南瓦窰頭村將由金殿進犯敵擊潰。

國際

吉羅德任法軍總司令，戴高樂任新國防會主席。

閻錫山故居所藏第二戰區史料 **第二戰區抗戰大事記**（1943-1945）
Historical Documents of the Second Theater in the Yan Hsi-shan's Residence
The Daily Records of the Second Theater in the Second Sino-Japanese War, 1943-1945

8月1日

二戰區

　　二一七團、二一八團在劉家莊與高渠敵激戰。

國內

　　我政府宣佈對維琪絕交，並接管中國境內之滇越鐵路。

　　國府主席林森於下午七時零四分逝世，中央選蔣院長代理主席。

國際

　　奧勒爾蘇軍向突出之德軍發動總攻勢。

8月2日

二戰區

　　七十三師在張家莊打散敵掩護築壕之民夫七次。

國內

　　林故主席下午五時大殮，全國公務人員服國喪一月，停止娛樂。

國際

　　美機轟炸那不勒斯。

8月3日

二戰區

　　暫四十四師封鎖高渠、仁義二村，督率民夫填韓家莊壕。

國際

　　義王召開御前會議決定重要策略。

8月4日

二戰區

七十二師二一六團在臨汾劉村擊潰企圖劫糧敵人。

國內

熊式輝任中央設計局祕書長。

國際

蘇軍攻入奧勒爾。

8月5日

二戰區

汾南各據點敵三路進犯萬泉之李家莊。

國內

貴池敵向白蓮山出擾被擊退。

國際

英第八軍攻佔喀大尼亞。

蘇軍復攻佔比爾哥羅德。

8月6日

國內

鄂中宋河我軍毀敵汽車數輛。

國際

德、義外長在羅馬會談。

所島美軍佔領蒙達。

14 | 閻錫山故居所藏第二戰區史料 **第二戰區抗戰大事記**（1943-1945）
Historical Documents of the Second Theater in the Yan Hsi-shan's Residence
The Daily Records of the Second Theater in the Second Sino-Japanese War, 1943-1945

8月7日

二戰區

　　暫四十四師第一團以迫擊砲向高渠敵轟擊。

國內

　　全國各地舉行林故主席哀悼大會。

國際

　　盟機夜襲米蘭、都靈、熱那亞。

8月8日

二戰區

　　敵在曲沃、絳縣抓民夫五千餘，送至介休構築東山
封鎖壕。

國內

　　騰衝敵五六師團分路北犯後，與我軍在古水街激戰。

國際

　　美軍在西島北部登陸，向墨西那疾進。

8月9日

二戰區

　　興集各界舉行哀悼故主席大會，由閻長官主祭。

國內

　　浙西我軍在德清縣擊沉敵艦一艘。

國際

　　美京輿論，世界糾紛將因自由德國成立發生。

8 月 10 日

二戰區

七十三師在張家莊一帶與掩護築壕之敵激戰。

國內

浙西我軍收復武康之下栢鎮。

國際

邱吉爾抵加拿大之魁北克。

8 月 11 日

二戰區

七十二師在臨汾婆神村,將由金殿出犯敵擊敗。

國內

澄海敵侵犯南灣,與我軍激戰。

國際

史達林接見英、美大使。

羅、邱在海德公園開始作戰會議。

8 月 12 日

二戰區

暫四十四師第一、第二兩團與高渠敵砲戰。

國內

豫東通許敵向宿孫莊進犯,與我軍激戰。

國際

美機二次轟炸千島群島。

16 | 閻錫山故居所藏第二戰區史料 **第二戰區抗戰大事記**（1943-1945）
Historical Documents of the Second Theater in the Yan Hsi-shan's Residence
The Daily Records of the Second Theater in the Second Sino-Japanese War, 1943-1945

8月13日
二戰區
挺進二縱隊在襄陵南許村將出擾敵擊退。
國內
華容敵向三漢河竄擾，被擊退。
國際
宋外長由英飛美。

塔斯社聲明英、美並未邀請蘇聯參加魁北克會議。

8月14日
二戰區
中陽敵出犯齊家山，被暫四十一師第二團擊退。
國內
空軍節，航建總會發起一縣一機運動。
國際
義宣佈羅馬為不設防城市。

8月15日
二戰區
暫四二師、暫四十一師在離石縣境分別擊退企圖搶糧之敵。
國內
湘北我軍襲擊臨湘。
國際
蘇軍克復卡拉契夫。

英、加軍收復吉斯卡。

8 月 16 日

二戰區

　　高渠、劉家莊敵復掩護民夫做壕，被七十三師擊散。

國內

　　美機轟炸武漢王家墩敵機場。

國際

　　西南太平洋美機襲威瓦克，日機被毀百廿架。

8 月 17 日

二戰區

　　敵在淪陷區普遍設立農村分會，負調查物資、統制生產之責。

國內

　　騰衝敵經盞西向神護關進犯，與我激戰。

國際

　　美軍進入墨西那。德方宣佈撤出西島。

　　羅、邱在魁北克會談。

8 月 18 日

二戰區

　　汾城敵出擾北賈，被暫卅七師擊退。

　　偕馮逆至并之王逆克敏返北平。

國內

　　粵境我軍收復常平。

　　十八集團軍一二九師攻入林縣城。

18
閻錫山故居所藏第二戰區史料 **第二戰區抗戰大事記**（1943-1945）
Historical Documents of the Second Theater in the Yan Hsi-shan's Residence
The Daily Records of the Second Theater in the Second Sino-Japanese War, 1943-1945

國際

艾登、赫爾抵魁北克參加羅、邱會議。

8月19日

二戰區

七十三師狙擊隊潛至劉家莊以西將敵工事破壞。

國際

北非總部代表與意代表在里斯本協議意投降問題。

8月20日

二戰區

汾城北賈村構築封鎖壕敵被我暫卅七師擊散。

國內

美空軍襲擊廣州敵機場。

中巴平等新約簽字。

國際

英駐西大使與佛朗哥會談。

8月21日

二戰區

河津敵赴上牛村搶糧，經暫四十五師擊退。

國內

亳縣、永城敵出犯龍山及黃山店與我軍激戰。

國際

蘇聯突免駐美大使李維諾夫職，以葛羅米約柯繼任。

8 月 22 日

二戰區

汾城南北賈敵向南西城我暫卅七師圍攻，我軍應戰數小時後從容撤退，營長王國昶陣亡。

國內

武康敵西犯莫干山、黃湖。

國際

宋外長抵魁北克參加羅、邱會議。

8 月 23 日

二戰區

七十三師將劉家莊築壕敵擊潰，率領民夫填壕一百餘公尺。

國內

敵機七十三架襲渝。

餘杭敵兩路犯臨安城。

國際

蘇軍克復卡爾科夫。

盟機七百架夜襲柏林。

8 月 24 日

二戰區

解縣、平陸、芮城三縣敵向廉峪以北保七團進犯，我分路迎擊，傷亡及被俘者甚眾。

國內

美機再襲武漢敵據點。

20　閻錫山故居所藏第二戰區史料 **第二戰區抗戰大事記**（1943-1945）
Historical Documents of the Second Theater in the Yan Hsi-shan's Residence
The Daily Records of the Second Theater in the Second Sino-Japanese War, 1943-1945

　　敵軍侵入臨安，我軍攻克黃湖。

國際

　　德軍佔領丹麥京城。

　　保加利亞國王遇刺。

8 月 25 日

二戰區

　　卅七師在段家溝將進犯敵擊潰。

國內

　　我軍克復臨安，敵向武康退去。

國際

　　羅、邱赴渥太華。

8 月 26 日

二戰區

　　晉省行政會議閉幕，決議為：兵農合一、統一行政領導機構、健全村幹部、淨白陣營、肅清貪污、實行保有包供合理定價、澈底分配，做到無黑市、實行工作紀律。

國內

　　美駐華空軍轟炸香港、廣州。

國際

　　蒙巴頓任東南亞洲盟軍總司令。

8 月 27 日

國內

我政府承認法民族解放委員會。

國際

英、美、加承認法民族解放委員會。

蘇軍克復塞夫斯克。

8 月 28 日

二戰區

汾城敵向大鍾廟出擾,被卅七師第三團擊退。

國內

閩三都澳登陸敵被我擊退。

國際

蒙巴頓離華府赴倫敦。

保王。

新喬治亞美軍佔拜洛哥。

8 月 29 日

二戰區

暫四十一師第二團襲離石上樓橋敵。

國內

我軍克復武康及上柏鎮。

我空軍飛襲安慶。

國際

魁北克會議決定英戰後需要其根據地香港、新加坡。

22 閻錫山故居所藏第二戰區史料 **第二戰區抗戰大事記**（1943-1945）
Historical Documents of the Second Theater in the Yan Hsi-shan's Residence
The Daily Records of the Second Theater in the Second Sino-Japanese War, 1943-1945

8月30日

二戰區

山西省政府、省黨部舉行聯席會議。

國際

南路蘇軍收復塔根羅格。

8月31日

二戰區

暫四十一師第三團深入汾陽境掩護幹部開展政權，將侵擾敵擊退。

國內

美機轟炸岳陽、宜昌。

國際

意代表至塞拉庫斯與盟軍開會，承認投降。

9月1日

二戰區

　　卅七師第一團襲入汾陽城北賈崗村。

國內

　　全國水利委員會舉行業務檢討。

　　新鄉敵向林縣區大舉進攻。

國際

　　中太平洋美軍首襲馬爾克斯島。

9月2日

二戰區

　　十七軍在垣曲、皋落南與敵激戰。

國內

　　駐華美機再襲香港。

國際

　　蘇軍收復烏克蘭重鎮蘇米。

9月3日

二戰區

　　閻司令長官赴吉縣建軍，第一期為整訓七十二師。

國際

　　英、加軍在義本土勒佐登陸。

9月4日

二戰區

　　第六總隊在橫嶺關南曲家溝與敵激戰。

24 | 閻錫山故居所藏第二戰區史料 **第二戰區抗戰大事記**（1943-1945）
Historical Documents of the Second Theater in the Yan Hsi-shan's Residence
The Daily Records of the Second Theater in the Second Sino-Japanese War, 1943-1945

卅七師第一團第一營向北賈崗敵攻擊，營長康蘭亭
陣亡。

國內

皖南貴池敵向我光嘴進擾被擊退。

國際

英第八軍佔領勒佐與聖幾阿凡尼。

9月5日

國際

義艦隊放棄大蘭多。

盟軍在新幾內亞雷區附近登陸。

9月6日

二戰區

汾南敵千餘會犯稷王山，與我特務隊、警察局激戰。

國內

第五屆第十一次執行委員會在渝開幕，議題著重於
政治經濟建設。

國際

英機轟炸莫尼黑。

9月7日

二戰區

河、稷兩縣敵會向佛峪進犯，與暫四十五師在沿山
各村激戰。

國際

羅、邱在華府繼續會談。

全美華僑代表在紐約召開首次聯席會議。

9月8日
二戰區

汾南敵掃蕩萬泉東溝、西莊一帶，我地方部隊損失甚重。

國內

中全會決議在戰爭結束後一年內，召開國民會議，制定憲法。

國際

義大利無條件投降正式公佈，義王室及首相離羅馬。

9月9日
二戰區

夏縣偃掌敵犯趙村，與二支隊激戰。

國內

我軍在金華與石門敵接觸。

國際

美第七軍在那不勒斯登陸，英軍佔大蘭多，德軍佔羅馬等地。

9月10日
國內

中全會通過修正國府組織法，國府主席為陸海空軍

26 | 閻錫山故居所藏第二戰區史料 **第二戰區抗戰大事記**（1943-1945）
Historical Documents of the Second Theater in the Yan Hsi-shan's Residence
The Daily Records of the Second Theater in the Second Sino-Japanese War, 1943-1945

大元帥。

國際

意艦隊駛馬爾他島。

德自蘇調大軍增防巴爾幹。

9月11日

二戰區

汾城敵向水峪進犯，佔領一三二八高地，我卅七師退守車口死守。

國內

中全會通過戰後工業建設綱領案、獎勵外資發展實業方針案。

國際

美軍佔薩勒諾，英軍佔布林的西。

德軍佔多得格尼斯群島。

9月12日

二戰區

敵將太原天主堂封閉。

國際

德傘兵在卡里賓合里將莫索里尼救赴德國。

9月13日

二戰區

一三三二高地敵向寺兒上太兒凹進犯，被卅七師一團擊退。

國內

　　蔣總裁被選任國府主席，五院正副院長均聯任。

國際

　　西南太平洋美、澳軍攻入薩拉摩後向雷區推進。

9 月 14 日

二戰區

　　暫卅七師向霸王峪、保圪塔、大有莊等處出擊。

國內

　　閩海敵艦突向白犬洋砲擊。

9 月 15 日

二戰區

　　黑龍關敵向明山廟進犯，被暫四十八師擊退。

國內

　　粵三水敵進犯大塘，我沉著應戰。

　　立法院通過社會救濟法。

國際

　　德軍佔薩勒諾，美軍向後撤退。

　　莫索里尼發佈組織共和法西斯黨。

9 月 16 日

二戰區

　　稷山高渠敵與我二一七團、二一九團激戰竟日。

國內

　　潮安以西我與敵在土地頂一帶激戰。

28

闊錫山故居所藏第二戰區史料 **第二戰區抗戰大事記**（1943-1945）
Historical Documents of the Second Theater in the Yan Hsi-shan's Residence
The Daily Records of the Second Theater in the Second Sino-Japanese War, 1943-1945

國際

　　北高加索蘇軍收復諾佛羅斯西克海港。

9月17日

二戰區

　　新絳屬澗西北社塢敵之四號堡壘被二〇二團澈底
破壞。

國內

　　十八集團軍支隊在赤城、龍關、宣化等處與敵激戰。

國際

　　美海長諾克斯抵英。

　　法軍在科西嘉登陸。

9月18日

二戰區

　　汾城一三三二高地敵經尉村向太兒凹進犯，被卅七
師嚴陣擊退。

國內

　　國參會三屆二次大會開幕，主席致詞稱，我們必將
東北收復，抗戰勝利之日，即實施憲政之時。

國際

　　澳軍佔領雷區，美海軍進襲吉爾貝特群島。

9月19日

二戰區

　　興集各界開慶祝蔣主席膺選大會。

國內

粵境我軍向東莞屬橫瀝敵進襲。

王寵惠、王世杰、江庸當選參政會主席團主席。

國際

邱吉爾返抵英倫。

9 月 20 日

二戰區

離石城西穆村敵向堡上進犯，被四十二師擊退。

國內

某基地擊落敵機三十五架。

國際

撒丁島德軍全部撤退。

9 月 21 日

二戰區

六十九師在居兒上將由黑龍關出擾敵擊退。

四十四師在稷山北將山水導入敵封鎖壕。

國內

國府明令本屆參政員任期延長一年。

國際

澳軍在新幾內亞之芬斯其哈芬登陸。

9 月 22 日

二戰區

卅七師三團佔領汾城保圪塔村。

30　閻錫山故居所藏第二戰區史料 **第二戰區抗戰大事記**（1943-1945）
Historical Documents of the Second Theater in the Yan Hsi-shan's Residence
The Daily Records of the Second Theater in the Second Sino-Japanese War, 1943-1945

國內

汪逆赴東京。

國際

莫索里尼在莫尼黑與希特勒會談，組織共和國，自任內閣總理。

9月23日

國內

國參會決議，續請蔣主席任經濟動員策進會會長。

國際

東條廣播，加強國內機構，實施總動員。

9月24日

國際

澳軍佔領芬斯其哈芬。

9月25日

二戰區

六十一軍派軍在臨汾屬各村打擊敵搶麥企圖。

國內

蔣主席指示國參會設置憲政設施籌備之機構，及策進全國經濟建設之機構。

國際

蘇軍收復斯摩稜斯克。

9 月 26 日
二戰區

稷山北砲二十八團七連將陽平村敵砲兵陣地摧毀。

國內

贛北安義敵向乾州街進犯。

國際

義太子安伯特在義南部建立政府。

9 月 27 日
二戰區

工兵第三營在金殿鎮埋雷兩顆，斃敵數名。

國內

國參會閉幕，決議希望中共遵守宣言。

國際

義境英軍佔領福查。

9 月 28 日
二戰區

敵六十九師團犯晉西北，攻陷保德城。

國際

莫索里尼之共和國開會決議，將其政府自羅馬移北部波倫亞。

9 月 29 日
國內

犯撫河東岸敵與我一〇八師在羅舍渡激戰。

32 | 閻錫山故居所藏第二戰區史料 **第二戰區抗戰大事記**（1943-1945）
Historical Documents of the Second Theater in the Yan Hsi-shan's Residence
The Daily Records of the Second Theater in the Second Sino-Japanese War, 1943-1945

國際

　　盟軍逼近那城近郊。

　　蘇軍強渡聶伯河。

9月30日

二戰區

　　汾陽田屯敵向莊兒上進犯，與我騎兵發生遭遇戰。

國內

　　新疆主席盛世才自蓉飛返迪化。

　　蘇南宜興敵犯張渚，皖南灣沚敵犯宣城，與我五三師激戰，浙西敵犯黃湖。

10月1日
二戰區

汾城我軍在南膏腴北填壕四華里。

國內

蘇南長興敵陷泗安，天王寺敵陷上興，高淳敵陷郎溪，蘇、皖、浙邊境展開激戰，宣城被敵攻陷。

國際

美第五軍佔領那不勒斯。

白俄羅斯蘇軍佔領契利科夫。

10月2日
二戰區

晉西北敵陷河曲，十八集團軍退河曲。

國內

陷張渚、泗安敵侵入廣德城，由誓節渡南犯，浙西敵侵入孝豐城。

國際

義法西斯政權在羅馬召開軍官會議。

10月3日
二戰區

敵偽在佔領區■縣成立積進建設團。

國內

皖南敵一度侵入繁昌，至晚即為我克復。

國際

美約克主教由莫斯科飛開羅。

34　閻錫山故居所藏第二戰區史料 第二戰區抗戰大事記（1943-1945）
Historical Documents of the Second Theater in the Yan Hsi-shan's Residence
The Daily Records of the Second Theater in the Second Sino-Japanese War, 1943-1945

10月4日

二戰區

　　閻司令長官被選為國府委員。

國內

　　宣城敵侵入寧國北之水東港口，廣德西南我克月
亮街。

國際

　　義境盟軍在特摩里登陸。

10月5日

二戰區

　　新絳敵向黃土坡、馬首山、新窰洞我軍防地攻擊，
與我六八師在一七三一高地激戰。

國內

　　由誓節渡南犯之敵經獨樹街侵佔柏埝鎮。

國際

　　德軍佔領科斯島。

10月6日

二戰區

　　省婦會婦女工作督進組分赴各縣動員婦女。

國內

　　滇西敵五十六師團分路出犯。

國際

　　美、澳軍佔領維拉。

10 月 7 日

二戰區

敵兵車一輛在趙城境遭我埋雷炸毀。

國內

滇西自鎮安街出犯敵侵至蠻石寨。

國際

蒙巴頓蒞新德里。

10 月 8 日

二戰區

稷山敵千餘向暫四四師進犯，與我在小峪口沿山各據點激戰。

國內

滇西北犯干坤敵與我軍在茶山河激戰。

中美空軍混合大隊成立。

國際

意境盟軍進入聖馬利亞境。

10 月 9 日

二戰區

稷山高渠敵向七十三師陣張家莊進犯。

國內

宣城敵向我郭子廟進犯。

國際

蘇軍肅清達曼半島。

36

閻錫山故居所藏第二戰區史料 **第二戰區抗戰大事記**（1943-1945）
Historical Documents of the Second Theater in the Yan Hsi-shan's Residence
The Daily Records of the Second Theater in the Second Sino-Japanese War, 1943-1945

10月10日

二戰區

國府明令授閻司令長官青天白日章。

國內

蔣主席宣誓就職，全國各地開會祝賀。

國際

德將卡塞林陳兵福爾都諾河。

10月11日

二戰區

挺進六縱隊攻擊夏縣馬家廟敵。

國內

五院正副院長宣誓就職。

宋子文自印度返渝。

國際

蒙巴頓在印開軍事會議，我宋外長出席參加。

10月12日

二戰區

十二區保安隊在霍縣劉村將敵警備隊擊退。

國內

滇西敵侵佔雙虹橋、龍川江。

國際

盟國使用亞速爾群島，英、葡簽訂協定。

盟機猛襲拉布爾，日機百架被毀，日輪百廿艘沉沒。

10 月 13 日

二戰區

垣曲周家莊敵被我襲擊。

國內

滇西敵侵入片馬。

國際

義政府對德宣戰，美、英、蘇承認義為共同交戰國。

10 月 14 日

二戰區

暫四十一師二團在中陽東北馮家里附近將出擾敵擊退。

國內

我與沿龍川江北犯敵在瓦甸街激戰。

國際

義境盟軍越過福爾都諾河發動猛烈攻勢。

10 月 15 日

二戰區

我七十三師佔領高渠村外敵據點一處。

國內

我軍克復廣德西南之柏墊及獨樹街。

國參會經濟建設策進會設經濟動員組、經濟建設組。

國際

蒙巴頓發表以潘納爾任參謀長，魏第梅亞任副參謀長。

38 | 閻錫山故居所藏第二戰區史料 **第二戰區抗戰大事記**（1943-1945）
Historical Documents of the Second Theater in the Yan Hsi-shan's Residence
The Daily Records of the Second Theater in the Second Sino-Japanese War, 1943-1945

10月16日

二戰區

　　甘泉敵赴雷子石西南程家溝搶糧，被我驅退。

國內

　　蒙巴頓自印飛渝。

國際

　　蘇、德軍在米里托波巷戰。

10月17日

二戰區

　　兩渡敵向曹村進犯，被四十六師一團擊退。

國內

　　孝豐敵七十師團一部再度進犯老石口，被我擊退。

國際

　　新幾內亞上空日機被擊落八十四架。

10月18日

二戰區

　　暫四四師第三團一部繞抵山下，與敵在曹家莊激戰。

國內

　　滇西敵由片馬侵至六庫後，分犯瀘水與栗柴霸。

　　蔣主席、蒙巴頓、史迪威暨美後方勤務部長索姆威爾開軍事會議。

國際

　　美國務卿赫爾、英外相艾登由伊朗赴莫斯科。

10 月 19 日

二戰區

　　河津敵企圖佔領東西麻參坡，被暫四四師擊退。

國內

　　孝豐敵分路向天目山以北地區進犯。

　　國防最高委員會下設憲政實施協進會。

國際

　　美、蘇、英三國外長開首次會議。

10 月 20 日

二戰區

　　敵在太原召集偽縣長開會。

國內

　　中比新約正式簽字。

　　蒙巴頓離渝返印。

國際

　　印新總督魏菲爾就職。

10 月 21 日

國內

　　滇邊齊公房、馬面關，激戰甚烈。

　　工程師學會在桂林開會。

國際

　　芬斯其哈芬以北宋河日軍反攻。

閻錫山故居所藏第二戰區史料 **第二戰區抗戰大事記**（1943-1945）
Historical Documents of the Second Theater in the Yan Hsi-shan's Residence
The Daily Records of the Second Theater in the Second Sino-Japanese War, 1943-1945

10月22日

二戰區

靈石敵經兩渡向張村、曹村進犯，被我逐退。

國內

孝豐南犯敵，被迫後退。

國際

英機在緬邊拍攝高空照像。

10月23日

二戰區

暫四五師活炸彈隊攻佔河津史家窰敵碉堡。

國內

孝豐敵再向文目山進攻。

國際

赫爾與傅秉常會晤。

蘇軍攻克米里托波爾。

10月24日

二戰區

晉西北我軍收復保德城。

國際

我遠征軍由那加山分三路向緬北進攻。

10月25日

二戰區

暫四四師第一團襲擊稷山傅家莊、上胡村敵。

國內

美駐華空軍掃擊海南島西岸敵輪。

國際

敵議會臨時會議開幕，東條報告，實行國政運營大綱。

10 月 26 日

二戰區

稷山敵在薛家莊以北築壕，被我暫四十四師驅散。

國內

天目山我軍收復告嶺。

國際

美軍在所島北部之寶庫群島登陸。

10 月 27 日

二戰區

河津敵出擾張家堡被我擊退。

國內

滇西空靠渡對岸激戰甚烈。

國際

北太平洋美海軍司令金開德調紐澳區海軍司令。

10 月 28 日

國內

浙西我軍克復孝豐，向安吉、梅溪前進。

42 | 閻錫山故居所藏第二戰區史料 **第二戰區抗戰大事記**（1943-1945）
Historical Documents of the Second Theater in the Yan Hsi-shan's Residence
The Daily Records of the Second Theater in the Second Sino-Japanese War, 1943-1945

國際

　　義境盟軍向德新防線進攻。

10月29日

二戰區

　　山西光復節，興集各界熱烈慶祝。

國內

　　滇西高黎貢山激戰甚烈。

　　我攻克梅溪。

國際

　　吉羅德抵那不勒斯。

10月30日

二戰區

　　首腦部為實現兵農合一，開遣歸役齡壯丁大會。

　　暫卅七師第一團第一連連長金普敬在汾城薛莊與敵激戰陣亡。

國內

　　日與汪逆簽訂日華同盟協定，以代替原有之中日基本條約。

國際

　　中、英、美、蘇在莫斯科簽訂共同宣言，規定戰時共同措施，保證戰後集體安全。

10 月 31 日

二戰區

　　七十三師向當面敵據點襲擊。

國內

　　孝豐城被敵侵入。

國際

　　巴多格里奧在那不勒斯與五主要黨派領袖克羅斯洽商要政。

44　閻錫山故居所藏第二戰區史料 **第二戰區抗戰大事記**（1943-1945）
Historical Documents of the Second Theater in the Yan Hsi-shan's Residence
The Daily Records of the Second Theater in the Second Sino-Japanese War, 1943-1945

11月1日

二戰區

稷山上胡村、韓家莊等地我敵在混戰中。

國內

我軍再度攻克孝豐城。

國際

美、日軍艦在布肯維爾海交戰。美軍在奧格斯達皇后灣登陸。

敵閣添設之軍需省、運輸通信省、農商省三大臣就職。

11月2日

二戰區

臨汾敵外出搶糧，被六九師擊退。

國內

湘、鄂邊境長江沿岸敵十三師團、四十師團，由彌院寺、藕池口等處分十二路向南進犯。

國際

義境盟軍佔領馬特塞山高地。

11月3日

二戰區

保安第六團在萬泉東南王薛莊與敵遭遇激戰。

國內

長江南岸敵深夜侵入南縣及公安。

國際

艾登、赫爾與土外長在開羅會晤，解釋三國會議決策。

11 月 4 日

二戰區

襄陵敵在胡村、許村搶糧，被暫卅八師擊退。

國內

長江、洞庭間展開激戰，敵侵入三仙湖、磨盤洲。

中美空軍混合大隊宣佈成立。

國際

義境盟軍佔領伊塞尼亞。

11 月 5 日

二戰區

汾陽白馬鎮敵向南辛安村進犯，被騎一師擊退。

國內

磨盤洲等處敵經新店舖向澧縣進撲，王家場敵向煖水街觀音寺進犯。

國際

邱吉爾任魏亞特為駐中國統帥部代表，藍姆斯丹為駐西南太平洋總部代表，以加強對日作戰。

進入胡康河谷我國佔領寧布恩。

46 | 閻錫山故居所藏第二戰區史料 **第二戰區抗戰大事記**（1943-1945）
Historical Documents of the Second Theater in the Yan Hsi-shan's Residence
The Daily Records of the Second Theater in the Second Sino-Japanese War, 1943-1945

11月6日

二戰區

河津敵修築至禹門口公路。

國內

我軍攻入新店舖，洋溪附近發生激戰。

南岸敵侵入安鄉。

國際

蘇軍收復基輔，並在刻赤以南登陸。

11月7日

二戰區

竄趙城馬牧村敵偽被暫四十八師設伏擊退。

國內

煖水街劉家場、閘口、洋溪之線發生白刃戰。

國際

布島美軍與登陸日援軍激戰。

11月8日

二戰區

我七十三師夜襲張家莊敵。

國內

鄂西長江南岸戰地移至枝江西南迄新安以北之山地。

國際

義境盟軍佔領米格納諾。

11月9日

二戰區

暫四二師將柳林出擾敵擊退。

國內

三路敵繼續西犯，中路向新安猛撲，右路侵至聶家河以東、宜都以南，左路至安、澧、常三縣交界。

國際

法民族解放委員會由戴高樂獨任主席，吉羅德專任總司令。

11月10日

二戰區

同蒲路敵將臨汾以南之棉花、食糧集中北運。

國內

中挪新約在渝簽字。

濱湖敵強渡澧水，另敵侵入津市。

國際

四十四國代表在美大西洋城開救濟善後會議。

11月11日

二戰區

稷山傅家莊敵被我軍逐退。

國內

湘北、贛北、鄂中、鄂北、豫南各地之我軍向敵發動廣泛攻勢。

澧縣東北，敵由中渡口強渡後，分三股向澧陽橋

48 | 閻錫山故居所藏第二戰區史料 **第二戰區抗戰大事記**（1943-1945）
Historical Documents of the Second Theater in the Yan Hsi-shan's Residence
The Daily Records of the Second Theater in the Second Sino-Japanese War, 1943-1945

進犯。

國際

　　前紐約市長被選為救濟善後總署署長。

　　黎巴嫩總統閣員被法軍逮捕。

11月12日

二戰區

　　暫四十五師向稷山張開西敵進擊。

國內

　　憲政實施協進會在渝成立。

　　我空軍對石門當面敵各據點猛炸。

國際

　　敘利亞全境發生暴動，埃王向法提出抗議。

11月13日

二戰區

　　敵在晉北以急進建設團名義，征撥青年八千餘，送
至陽泉娘子關構築工事。

國內

　　煖水街王家廠敵向十八節、白沙渡等地進犯。

國際

　　德軍在愛琴海之勒羅島登陸。

11月14日

二戰區

　　暫四十四師第三團對傅家莊、薛家莊敵進擊。

國內

十八節等處敵續向易家渡、紅土坡進犯，向澧縣進犯之敵，被我阻於桃花灘。

國際

盟機轟炸保加利亞京城索非亞。

11 月 15 日

二戰區

保六團在安邑上郭村將搶糧敵偽驅退。

國內

易家渡敵強渡澧水，侵入石門，與我展開巷戰，暫五師師長彭士量殉國。

桃花灘敵侵入澧縣，津市方面亦在血戰中。

國際

法方另組黎巴嫩臨時政府。

11 月 16 日

二戰區

暫四八師在趙城西渠村將搶糧敵擊退。

國內

長江南岸我與敵在石門迄澧縣近郊、津市附近及安鄉以西毛里湖西側，整日激戰。

國際

勒羅斯英義軍停止抵抗，全島為德佔領。

50 | 閻錫山故居所藏第二戰區史料 **第二戰區抗戰大事記**（1943-1945）
Historical Documents of the Second Theater in the Yan Hsi-shan's Residence
The Daily Records of the Second Theater in the Second Sino-Japanese War, 1943-1945

11月17日

二戰區

　　稷山北各據點敵向張開東進犯，被暫四四師二團擊退。

國內

　　林故主席奉安大典，全國下半旗一日，由蔣主席恭率百僚奉安於渝郊陵園。

　　石門敵分股向慈利進犯。

國際

　　蘇軍收復科落斯丁。

11月18日

二戰區

　　水頭車站敵向榮河、萬泉等地分三路掃蕩。

國內

　　津市被敵侵入。

　　我訪英團團員王世杰、胡霖、王雲五、杭立武、溫源寧等由渝飛印。

國際

　　烏克蘭蘇軍收復奧維魯克及里其察。

11月19日

二戰區

　　新絳敵由太山廟進犯，被我逐退。

國內

　　敵軍侵入慈利、南縣、臨澧等地。

安鄉敵分犯常德附近之譚家河、崇河市等地。

國際

德軍在基輔以西反攻，佔領什托密爾。

11 月 20 日

二戰區

稷山我軍攻擊上胡村，敵放火焚燒後退去。

第七十二師在吉整建完畢，開赴原防。

國內

敵機卅架襲恩施。

敵自慈利、安鄉、臨澧，向常德外圍齊陽橋、羊毛灘、鰲山、牛鼻山等地進犯。與我七十四軍五一師、五八師與敵展開激戰。

國際

美海軍在吉爾貝特群島中之梅金及塔拉瓦登陸。

11 月 21 日

二戰區

張家莊敵放水焚毀，我乘勢攻擊。

國內

敵自牛鼻灘、石板灘、德山等地向常德城猛攻，我五十七師浴血抵抗。

四十四軍第一百五十師師長許國璋在魚田屯血戰殉職。

國際

蔣委員長、邱吉爾抵開羅，下榻門納大飯店。

52 閻錫山故居所藏第二戰區史料 **第二戰區抗戰大事記**（1943-1945）
Historical Documents of the Second Theater in the Yan Hsi-shan's Residence
The Daily Records of the Second Theater in the Second Sino-Japanese War, 1943-1945

11月22日

二戰區

稷山刑家堡敵向張開東進犯，被擊退。

國內

我空軍轟炸敵補給據點津市。

我軍撤出漢壽、桃源。

國際

羅斯福抵開羅，三領袖及高級人員舉行重要會議。

黎巴嫩總統獲釋。

11月23日

二戰區

河津敵向琵琶原進犯，我四五師轉入兩側山頭。

國內

保圍常德戰在阪市、河洑、漸水橋、德山展開激戰。

國際

三領袖專門討論特殊之太平洋問題，三國參謀首長
討論詳細計劃，當晚委座約羅總統共進晚餐。

美軍佔領梅金島。

11月24日

二戰區

琵琶原敵將閻家莊等村焚毀，掩護民夫由張家莊向
西磑口構築封鎖壕。

國內

漢壽、石門被我軍攻入。

國際

　　吉爾貝特群島美軍佔領比蒂奧島。

11 月 25 日

二戰區

　　敵抽調介休敵補築羅王莊至義棠間之封鎖壕。

國內

　　敵一股侵入常德北門內，被我軍撲滅。

　　中美空軍轟炸台灣敵新竹機場。

　　東南區防空情報會議在桂林開會。

國際

　　蔣委員長舉行茶話會，傍晚談話結束，發表公報，三國宗旨在剝奪日本在太平洋所佔之島嶼，及所竊取之中國領土，如東北、台灣等，予朝鮮以自由獨立。

11 月 26 日

二戰區

　　暫四八師一團在趙城馬牧村將搶糧敵偽擊退。

國內

　　敵強渡沅江，侵入常德南門，被我軍擊退。

國際

　　蘇軍克復哥美爾。

　　哥侖比亞對德宣戰。

　　蔣委員長接見金氏及艾森豪威爾。

54 | 閻錫山故居所藏第二戰區史料 **第二戰區抗戰大事記**（1943-1945）
Historical Documents of the Second Theater in the Yan Hsi-shan's Residence
The Daily Records of the Second Theater in the Second Sino-Japanese War, 1943-1945

11 月 27 日

國內

我第十軍抵常德外圍，向德山猛攻，敵機猛炸常德。

國際

德駐土大使巴本晉謁教皇後離梵蒂崗。

美國會通過廢除限制華人入境律案。

羅、邱、史舉行會議於伊朗首都德黑蘭。

11 月 28 日

國內

沅水南岸我軍向敵猛攻。

國際

英、美、蘇領袖及英、蘇外長在伊朗蘇使館開會。

11 月 29 日

二戰區

第六十九師及各集團軍特務營在吉開始整訓。

國內

我空軍在常德上空擊落敵機四架。南路我軍攻入桃源。

11 月 30 日

二戰區

克難小學民族革命兒童團直屬第一支團大會，長官躬親訓話。

國內

常德東、北兩門內巷戰激烈，敵棄屍滿街，北路我軍攻入石門，沅江南岸我軍攻入德山，敵以主力阻我渡江。

國際

救濟善後會議閉幕，遠東區委會我國任主席，荷、澳任副主席，歐洲區委員會英任主席。

56 | 閻錫山故居所藏第二戰區史料 **第二戰區抗戰大事記**（1943-1945）
Historical Documents of the Second Theater in the Yan Hsi-shan's Residence
The Daily Records of the Second Theater in the Second Sino-Japanese War, 1943-1945

12月1日

二戰區

稷山仁義及薛家莊敵復開工掘壕。

國內

蔣委員長偕夫人及商震、王寵惠等自印飛返陪都。

第十軍預十師師長孫明瑾在易家沖陣亡，敵重陷石門。

國際

美、英、蘇領袖發表共同宣言，三面進攻之範圍與時間已獲一致之協議，並對伊朗發表共同宣言，保證其主權獨立、領土完整。

12月2日

二戰區

保五團第三營在臨汾大門以北與敵偽發生遭遇戰。

國內

長江南岸敵再陷臨澧，我克桃源。

國際

義境巴利港中之盟方船舶被德機襲擊。

12月3日

二戰區

七十三師佔領劉家莊。

國內

五十七師退出常德西北城郊轉進。

國際

我訪英團抵英倫。

美艦隊進攻馬紹爾群島。

12月4日
二戰區

河津南北午芹敵砲擊一三〇五高地。

國內

美空軍在洞庭湖區協助我軍作戰。

向常德周圍進攻之我軍緊縮包圍圈，將向新安、流花江反攻之敵擊退。

國際

土耳其總統伊納普與羅、邱會議於開羅。

12月5日
二戰區

臨汾敵出外搶糧被七二師二一五團擊退。

國內

沅江北岸敵南渡向德山反撲。

12月6日
二戰區

竄擾柳巷村敵經一三〇五高地之砲兵擊退。

國內

敵軍復陷德山，我軍與之苦戰。

58 ｜ 閻錫山故居所藏第二戰區史料 **第二戰區抗戰大事記**（1943-1945）
Historical Documents of the Second Theater in the Yan Hsi-shan's Residence
The Daily Records of the Second Theater in the Second Sino-Japanese War, 1943-1945

國際

　　羅、邱、伊會議本日結束，發表公報稱：美、英、
蘇與土耳其間之傳統關係與友誼，在會議之全部進程
中，曾重予確認。

12月7日
二戰區

　　洪洞西萬安敵出外搶糧，被四十八師三團擊退。

國內

　　沅江南岸蘇家渡敵開始北竄。

12月8日
二戰區

　　我軍將稷山西北寧翟村敵碉堡拆毀。

國內

　　我軍收復德山，分路渡沅江向常德核心進攻。

國際

　　澳軍佔領新幾內亞敵據點瓦萊奧。

12月9日
二戰區

　　渝次敵開武鄉、榆社，向十八集團軍進犯。

國內

　　渡沅江之我軍新十一師克復常德城。

國際

　　烏克蘭蘇軍收復斯那門卡。

12 月 10 日
二戰區

襄陵敵佔領我糧道浪泉村。

國內

我各路大軍向常德東北追擊敗敵，盤龍橋敵企圖阻我前進，向雷家舖反撲。

國際

義境盟軍佔領聖雷翁納多。

土外長與德大使巴本談話二小時。

12 月 11 日
二戰區

敵在新絳、稷山、河津、沿山之封鎖壕大部完成，開始構築圍牆。

國內

常德以東崇河市敵與我軍整日激戰。

國際

捷克總統貝奈斯抵蘇聯。

12 月 12 日
二戰區

七十三師在稷山清河鎮狙擊出擾敵。

國內

我軍攻克常德以東之牛鼻灘，敵機四十三架襲湖南我空軍基地，被擊落十二架。

60　閻錫山故居所藏第二戰區史料 **第二戰區抗戰大事記**（1943-1945）
Historical Documents of the Second Theater in the Yan Hsi-shan's Residence
The Daily Records of the Second Theater in the Second Sino-Japanese War, 1943-1945

國際

烏克蘭蘇軍克復支格林。

蘇捷協定簽字，聲明遵守一九三五年在布拉格協定
所表明之戰前和平及互助政策。

12月13日

二戰區

我軍夜襲東堡村敵。

國內

我軍再度克復石門、臨澧。

國際

蘇境德軍退出契爾卡希。

12月14日

二戰區

柳林敵向山頭村滋擾，被我軍逐退。

國內

美空軍轟炸武漢敵機場。

國際

艾登在下院聲明英國於德國失敗後，以全力進攻
日本。

12月15日

二戰區

洪洞鄭家寨敵向張家莊進犯，被我擊退。

國內

我進擊部隊迫近南縣、澧縣、安鄉城郊，向敵圍攻。

國際

美第六軍在新不列顛島之墨爾克斯角及附近之阿拉威皮勒羅島登陸。

12 月 16 日

二戰區

四十二師出擊離石西南神山敵。

國內

我軍攻達津市南之新洲。

國際

邱吉爾臥病迦太基。

12 月 17 日

二戰區

暫四十一師一部出擊中陽縣齊家山築碉堡敵。

國內

由澧縣向西北反撲之敵，被我擊退。

國際

羅斯福安抵華盛頓。

12 月 18 日

二戰區

臨汾敵出擾北杜村被我軍逐退。

偽省長馮逆司直赴寧開清鄉會議。

62 | 閻錫山故居所藏第二戰區史料 **第二戰區抗戰大事記**（1943-1945）
Historical Documents of the Second Theater in the Yan Hsi-shan's Residence
The Daily Records of the Second Theater in the Second Sino-Japanese War, 1943-1945

國內

　　軍事參議院院長陳調元在渝病逝。

國際

　　羅斯福簽署廢止限制華人入境律。

12月19日

二戰區

　　挺進二縱隊在洪萬公路突擊四出搶糧之敵。

國內

　　我軍克復安鄉。

　　滇西美空軍機地襲落日機十六架。

國際

　　東南亞英、美空軍由英皮爾斯上將統一指揮。

12月20日

二戰區

　　保六團在萬泉境狙擊由猗氏出擾之敵。

國內

　　我軍克復南縣、枝江及宜都西南之赤溪河、仁和
坪、煖水街等地。

國際

　　美軍佔領阿拉威敵機場。

12月21日

二戰區

　　三十八師派隊突襲佔據浪泉之敵。

國內

我軍克復澧縣、津市。

國際

玻利維亞革命成功,新總統魏拉羅爾就職。

英、美機千架白晝轟炸德境。

12 月 22 日

二戰區

中陽偽縣長在棗林搶糧被我逐退。

國內

敵機七七架侵入昆明市,被盟機擊落二十架。

12 月 23 日

二戰區

汾陽南三泉敵向南北馬莊進犯,經騎四師擊退。

國內

鄂西我軍攻克松滋。

國際

洪安半島盟軍佔領胡比卡。

12 月 24 日

國內

美空軍襲擊廣州敵機場,擊落敵機十九架。

國際

日議會常會開幕。

英機在柏林投彈千噸。

64 | 閻錫山故居所藏第二戰區史料 **第二戰區抗戰大事記**（1943-1945）
Historical Documents of the Second Theater in the Yan Hsi-shan's Residence
The Daily Records of the Second Theater in the Second Sino-Japanese War, 1943-1945

羅總統廣播，開羅會議中對遠東問題無解決具體軍事計劃。

12月25日

國內

鄂西我克復公安。

國際

昨夜公佈艾森豪威爾任歐洲區盟軍總司令，魏爾遜任地中海總司令，亞歷山大任義境總司令。

12月26日

二戰區

晉省普訓幹部分別在晉西各區開始舉行。

國內

公安以北迄長江，恢復戰前態勢。

國際

德戰艦沙恩霍斯特號在挪威北角海中，被英艦擊沉。

美軍在新不列顛之西北岸格勞斯特角登陸。

12月27日

二戰區

山西省政府主席趙公次隴晨七時逝世，下午六時入殮，治喪委員會遵遺囑，靈位及墓石署國民黨黨員趙次隴之靈位。

國際

羅斯福下令陸長，立即接管全國鐵路。

12 月 28 日

二戰區

下午一時閻長官親祭趙故主席，一時半首腦部各機關公祭，並規定十二月廿八日為明明德教育紀念日。

國內

軍政部因各地學生志願從軍者已達二萬人，特公佈學生志願服役辦法。

國際

蘇軍克復羅斯台斯契夫。

12 月 29 日

二戰區

從二十八日起本戰區各地停止娛樂一月，故主席葬儀於十二時舉行，長官躬親送殮，安葬於克難坡西門外。

國內

鄂西我軍渡過虎渡河向藕池口敵進擊。

國際

西班牙承認莫索里尼政府。

蘇軍再度收復科洛斯汀。

12 月 30 日

國內

陪都各界歡送出國工人。

國際

盟軍佔領格勞斯特角敵場。

66 閻錫山故居所藏第二戰區史料 **第二戰區抗戰大事記**（1943-1945）
Historical Documents of the Second Theater in the Yan Hsi-shan's Residence
The Daily Records of the Second Theater in the Second Sino-Japanese War, 1943-1945

12月31日

國內

中央社發表委座向全國廣播詞，謂三十三年是對日寇的決戰年。

國際

美機轟炸日北部幌筵、占守兩島。

民國 33 年（1944）

1 月 1 日
二戰區

本年本戰區定為合謀年。

閻長官發表告全戰區民眾書，以完成兵農合一、努力自給自足、與軍隊行政合謀三事相勉約。

國內

蔣主席於國府授勛後，舉行閱兵典禮。

國際

美機百架轟炸賽德港。

敵公佈戰時官吏服務金，並制定七項標語，以本年為確立必勝基礎年。

1 月 2 日
二戰區

民族革命同志會婦女工作委員會在克成立。

國內

黃崗敵竄淋山河，被我擊退。

國際

美軍在新幾內亞北岸賽德爾登陸。

1 月 3 日
二戰區

臨汾聯辦處副處長楊建藩本做壞甚殉甚號召，自縊於克城。

68 閻錫山故居所藏第二戰區史料 **第二戰區抗戰大事記**（1943-1945）
Historical Documents of the Second Theater in the Yan Hsi-shan's Residence
The Daily Records of the Second Theater in the Second Sino-Japanese War, 1943-1945

國內

鄂北我軍夜襲大洪山、三官興敵。

國際

蘇軍攻抵蘇、波舊界之拉多維爾。

1月4日

國內

宣城敵向寒亭鎮竄犯。

國際

德軍接管保加利亞全國鐵路。

1月5日

二戰區

行政院電請閻長官暫兼晉省府主席。

國內

藕池口西南地區敵我在激戰地。

國際

蘇聯聲明以一九一九年之卡遜線為其西界。

1月6日

國際

蘇軍分兩路向波蘭鐵路要衝薩奈及羅夫諾進攻。

1月7日

國際

緬北華軍渡過大龍河。

1月8日
國際

義境美軍佔領聖維托里。

蘇軍收復烏克蘭工業中心基洛夫格勒。

1月9日
國內

拉卜楞百零八寺藏族僧民代表團覲謁主席，呈獻機捐款。

國際

阿剌伯聯邦會談在開羅分別進行。

1月10日
國內

蔣主席對學生志願軍訓話，勉以絕對服從階級，注重政治訓練，視軍營為學校。

國際

美第七十八屆國會二次全會開幕。

蘇政府公布西烏克蘭及西白俄羅斯領土刻已劃歸蘇維埃白俄羅斯。

1月11日
二戰區

國府明令褒揚趙故主席。

國內

美機自我國襲台灣高雄、東石兩地。

70

閻錫山故居所藏第二戰區史料 **第二戰區抗戰大事記**（1943-1945）
Historical Documents of the Second Theater in the Yan Hsi-shan's Residence
The Daily Records of the Second Theater in the Second Sino-Japanese War, 1943-1945

國際

前義外相齊亞諾被莫索里尼槍決。

法西部大空戰，德機被擊落百架，美機損失六十四架。

1月12日

二戰區

本戰區為紀念趙故主席，特成立明明德學校。

國內

豫北挺進軍攻入焦作煤礦，將三十九號礦場設備破壞。

國際

緬境盟軍收復阿拉甘前線之孟通。

1月13日

國內

各地學生遠征軍紛紛到渝入營受訓。

國際

德駐日大使與日外相會商。

1月14日

二戰區

首腦部發動堅強幹部六十人赴吉參加劃分份地討論會，然後赴各縣。

國際

蘇軍宣佈佔領白俄羅斯南部要塞莫塞爾與林柯維奇。

1 月 15 日

國內

浙東武義敵進犯王市，被我擊退。

國際

馬玉半島上空盟機擊落日機十五架。

波蘭政府聲明蘇、波疆界爭紛，願假手英、美兩國談判。

1 月 16 日

國內

敵機十六架襲韶關。

中共表示派代表赴中央，商議團結。

國際

艾森豪威爾抵英，成立同盟國遠征軍統帥部。

1 月 17 日

二戰區

趙故主席中常會通過發給治喪費一萬元、一次卹金十萬元。

國內

皖南青陽縣東北我軍收復木鎮。

國際

英外部否認蘇聯所傳里賓特羅夫與英方要人舉行祕密會議，討論單獨搆和，並向蘇提出抗議。

閻錫山故居所藏第二戰區史料 **第二戰區抗戰大事記**（1943-1945）
Historical Documents of the Second Theater in the Yan Hsi-shan's Residence
The Daily Records of the Second Theater in the Second Sino-Japanese War, 1943-1945

1月18日

二戰區

婦女集訓隊在克畢課。

國內

國府公佈三十一年十一月十二日簽訂之中古友好條約即日生效。

國際

邱吉爾自北非返英倫。

美鐵路工潮平息，史汀生頒將前接收之鐵路交還私人業主。

1月19日

國內

敵中型兵艦在貴池附近江面觸我水雷沉沒。

國際

英對外貿易大臣宣告英傳統市場不擬放棄。

蘇對巴相表示不滿，謂義解放委員應參預政治。

1月20日

國內

美機在我國東南海面擊沉敵輪兩艘。

國際

泰德就盟國遠征軍副統帥。

蘇軍收復諾佛哥羅滋。

1 月 21 日
國內

敵機竄擾陝、豫各地。

國際

蘇方聲明決不能與已經斷絕外交關係之波蘭政府進行正式談判。

1 月 22 日
二戰區

敵機由韓城飛宜川、吉縣,北竄馬渡關,飛永和敵機沿河經吉縣、鄉寧南下。

國內

皖南殷家匯敵分路南犯。

國際

盟軍在羅馬南登陸,佔領尼杜諾港。

1 月 23 日
國際

盟機轟炸幌筵島。

1 月 24 日
國內

中美混合機隊在浙平陽縣大塗山海上轟炸敵運輸艦。

國際

意境登陸盟軍佔領安濟奧。

74 | 閻錫山故居所藏第二戰區史料 **第二戰區抗戰大事記**（1943-1945）
Historical Documents of the Second Theater in the Yan Hsi-shan's Residence
The Daily Records of the Second Theater in the Second Sino-Japanese War, 1943-1945

1月25日

國內

我駐美大使魏道源返渝述職。

國際

馬玉半島空戰，日機被擊落十五架。

意境前線美軍進入喀辛諾。

1月26日

國內

中宣部梁部長闡明國民黨對憲草議見：

一、不贊成在國民大會期間另設議政會。

二、將來立法院、監察院即有英、美議院職權，中央、
地方分權以國父遺教為準則。

國際

阿根廷與德、日兩國正式絕交。

艾登宣稱蘇、波邊界問題，英遵守大西洋憲章原則。

赫爾稱蘇聯已拒絕美國調解蘇、波爭執。

1月27日

二戰區

軍令部部長徐永昌抵克難坡。

國際

蘇軍在列城西南克復克拉斯拉伐狄斯克。

1 月 28 日

二戰區

　　徐部長代表蔣主席致祭趙故主席後，即赴吉縣晉謁閻司令長官。

國際

　　德軍向登陸盟軍發動反攻。

　　美國務院宣佈日軍在菲律賓活埋美軍官暴行，並宣佈停止以汽油輸西班牙。

　　蘇聯蘇維埃大會在莫斯科開幕。

1 月 29 日

國內

　　國府舉行首次委員會。

國際

　　美機八百架轟炸德西部工業中心法蘭克福。

1 月 30 日

國內

　　憲政實施協進會在渝開會。

國際

　　義境空戰德機被毀六十三架。

　　胡康河我軍佔領泰洛。

1 月 31 日

國際

　　美太平洋艦隊猛攻馬紹爾群島，在羅伊島登陸。

76 | 閻錫山故居所藏第二戰區史料 **第二戰區抗戰大事記**（1943-1945）
Historical Documents of the Second Theater in the Yan Hsi-shan's Residence
The Daily Records of the Second Theater in the Second Sino-Japanese War, 1943-1945

2月1日

國際

美海軍開入馬紹爾群島中之主要基地瓜加林島枰湖
與日軍決戰。

2月2日

二戰區

徐部長離克返渝復命。

國際

蘇聯發佈命令，准十六共和國對內有建軍、對外有
締結條約之權。

胡康河谷我國佔領太柏家。

2月3日

國際

美軍續佔納摩島及附近島嶼。

2月4日

國內

世界金屬研究會推蔣夫人為名譽會員。

國際

尼米茲上將發表就任馬紹爾群島軍事總督。

美艦隊突擊千島中之幌筵島。

2月5日

國內

十四航空隊在南海擊沉敵商船六艘。

國際

日本議會通過決心作戰至最後勝利案。

2月6日

二戰區

晉省教學進步會開會,研究政教合一、學校組織化、教育革命化。

國內

宣城敵侵入寒亭鎮,向西南楊柳舖進犯。

國際

蘇機轟炸芬蘭京城赫爾辛基。

2月7日

二戰區

教學進步會通過實行建教。

國內

我空軍轟炸豫北敵陣地。

國際

緬北塔奈河北岸敵被我軍肅清。

2月8日

二戰區

執行部成立兵農合一制度研究會。

78 | 閻錫山故居所藏第二戰區史料 **第二戰區抗戰大事記**（1943-1945）
Historical Documents of the Second Theater in the Yan Hsi-shan's Residence
The Daily Records of the Second Theater in the Second Sino-Japanese War, 1943-1945

國內

敵機竄擾陝省安康、南鄭、渭南、醴泉等地。

國際

蘇軍收復烏克蘭工業中心尼科波爾。

2月9日

國內

第九戰區司令長官薛岳晉陸軍二級上將。

國際

德軍向羅馬以南盟軍發動總攻。

尼米茲宣佈，吾人使美軍橫度太平洋在中國獲得基地始能擊敗日本。

2月10日

二戰區

閻長官朝會講兵農合一是土地問題與國防問題併為一談而處理，民族革命與社會革命熔為一爐而解決，並宣佈女工作同志所領眷糧應歸娘家。

國內

敵機四批襲我東部空軍基地。

國際

新幾內亞美、澳軍在塞德爾會師，全部佔領洪安半島。

2月11日
國際

芬前總理巴錫基維抵瑞典京城，探取蘇方和平條件。

2月12日
國內

敵機竄擾贛縣基地，被我擊落八架。

國際

蘇軍收復列城南之盧加。

2月13日
【無記載】

2月14日
國際

義境第五軍堅守安濟奧沙灘陣地。

2月15日
國際

義境美機轟炸喀辛諾寺，該寺已為歷史上第四次被毀。

2月16日
二戰區

民族革命同志會六週年紀念會，閻長官講武裝頭腦、實行五建。

80 | 閻錫山故居所藏第二戰區史料 **第二戰區抗戰大事記**（1943-1945）
Historical Documents of the Second Theater in the Yan Hsi-shan's Residence
The Daily Records of the Second Theater in the Second Sino-Japanese War, 1943-1945

國內

黔桂路獨都段通車。

國際

美海空軍大舉進襲日最大基地土魯克。

2月17日

國際

美艦隊在土魯克擊沉敵艦二十三艘。

2月18日

國內

新生活運動十週年紀念前夕，蔣會長播講，國民對於抗戰建國最低義務為普遍儲蓄、義務勞動。

國際

安尼威土克登陸美軍在迅速進展中。

2月19日

國際

英空軍襲炸德國之來比錫，轟炸機七十九架失蹤。

蘇聯對芬提出六項條件。

2月20日

國際

緬北我軍克復台法加東南之拉貌卡。

2 月 21 日

國際

敵首相東條兼陸軍參謀總長，海相島田兼海軍軍令
部長。

2 月 22 日

國內

陝省府改組，由祝紹周任主席。

國際

美海軍全部佔領安島，並襲擊馬里亞納群島中之塞
班、狄寧兩島，毀日機一百卅五架，同時轟炸關島。

2 月 23 日

【無記載】

2 月 24 日

二戰區

晉省經濟討論會在克開幕，閻長官訓以努力實現
「無村不工廠，無人不勞動」。

國際

阿根廷總統拉米雷茲被迫辭職，由法勒爾代理。

2 月 25 日

國內

我空軍轟炸蕪湖敵陣地。

閻錫山故居所藏第二戰區史料 **第二戰區抗戰大事記**（1943-1945）
Historical Documents of the Second Theater in the Yan Hsi-shan's Residence
The Daily Records of the Second Theater in the Second Sino-Japanese War, 1943-1945

國際

美艦砲擊新愛爾蘭日基地卡維恩。

2月26日

國際

我首任駐加大使劉師舜向加總督呈遞國書。

2月27日

國際

緬北我軍渡過大宛河，向馬考進攻。

2月28日

國內

中印語文學校在渝開課，內分印度斯坦尼文、波斯文、阿拉伯文、土耳其文、維吾兒文等班。

國際

埃及對美政府建議在巴勒斯坦創設猶太國提出抗議。

2月29日

國際

西南太平洋盟軍在海軍群島登陸。

3月1日

國內

史迪威總部宣佈在桂林設立東南幹訓團。

國際

芬蘭政府將蘇提出之條件擴告國民。

胡康河我軍三八師、二二師向孟關進攻。

3月2日

二戰區

本戰第二次射擊總特賽，閻長官訓以將效用表現在戰場上。

國內

我與阿富汗簽訂友好條約，互派使領。

國際

澳軍在海軍群島之勞斯內格羅登陸。

3月3日

二戰區

運城敵竄擾猗城北營窰村。

國內

安慶敵由羅家嶺向桐城縣進犯，被我擊退。

國際

羅斯福宣佈義艦將以三分之一交蘇聯使用。

84 閻錫山故居所藏第二戰區史料 **第二戰區抗戰大事記**（1943-1945）
Historical Documents of the Second Theater in the Yan Hsi-shan's Residence
The Daily Records of the Second Theater in the Second Sino-Japanese War, 1943-1945

3月4日
國際
緬北我軍佔領瓦卡道。

巴多格里奧要求說明義艦交蘇詳情。

3月5日
國內
孔院長、宋外長飛昆明視察。
國際
緬北我軍將胡康河內敵重要據點孟關克復。

英軍事代表團與土耳其停止談判。

3月6日
國內
粵新會敵犯鶴山被我擊退。
國際
第三戰略航空隊長鮑爾溫親率空運部隊在緬北敵後瓦城附近降落，建立基地。

3月7日
國際
緬北我軍二十二師佔領寧古卡後與美軍米里爾部會師。

史迪威爾、蒙巴頓偕廖耀湘師長至前線視察。

3月8日
二戰區

　　婦女節，閻長官講實行以志氣為結合條件的頭等婚姻制度。

國內

　　中央研究院評議會在渝中央圖書館開會。

國際

　　芬蘭答復蘇聯，拒絕不經討論而接受條件。

3月9日
國際

　　緬北我軍攻克杜卡拉加及瓦拉本。

3月10日
國際

　　蘇聯通知芬蘭，對其覆文表示不滿。

　　美要求愛爾蘭與德、日斷絕關係，遭愛拒絕。

3月11日
國內

　　敵機擾我桂林空軍基地。

國際

　　布肯維爾日軍向美軍發動反攻。

　　緬南印軍開入巴第碭。

86　閻錫山故居所藏第二戰區史料 **第二戰區抗戰大事記**（1943-1945）
Historical Documents of the Second Theater in the Yan Hsi-shan's Residence
The Daily Records of the Second Theater in the Second Sino-Japanese War, 1943-1945

3月12日

國內

　　國民精神總動員五週年紀念會，蔣主席對全國播講，重視大家各自對國家、對民族的責任。

國際

　　美軍在海軍群島中之瑪那斯登陸。

3月13日

國際

　　渡過聶伯河蘇軍克復刻松。

　　蘇聯與義巴多格里奧恢復外交關係，互派大使。

3月14日

國內

　　行政院通過綏遠狼山、晏江兩設治局改升為縣。

國際

　　芬國會開會，以蘇聯未予芬蘭以表示意見之機會，在危害存亡之條件下絕難接受。

　　緬北日軍第卅五師團強渡更的宛河向印進犯。

3月15日

國內

　　加拿大首任駐華大使向主席呈遞國書。

　　商震調駐美軍事代表團團長，賀國光調軍委會辦公廳主任。

國際

美機千架轟炸德國。

布肯維爾島美軍擊退日軍反攻。

3 月 16 日

國際

芬蘭照會瑞典拒絕蘇聯和平條件。

史迪威爾宣佈接受東南亞盟軍副總司令。

3 月 17 日

國際

羅夫方面蘇軍攻克德布納。

3 月 18 日

國內

中國工業合作協會在渝開會。

國際

緬北我軍肅清胡康河谷敵軍，向傑布山進攻。

美軍完成佔領海軍島工作。

3 月 19 日

二戰區

克難坡開始集訓工作人員眷屬。

國內

我訪英團王雲五等返渝。

十四航空隊襲擊南昌至東南沿海岸之日方設備及交

88 | 閻錫山故居所藏第二戰區史料 **第二戰區抗戰大事記**（1943-1945）
Historical Documents of the Second Theater in the Yan Hsi-shan's Residence
The Daily Records of the Second Theater in the Second Sino-Japanese War, 1943-1945

通線。

國際

　　我軍攻佔傑布山，開始向孟拱河谷進攻。

　　德軍佔領匈牙利，由前駐德大使斯托傑組織新閣。

3月20日

國際

　　美軍在新愛爾蘭西北之埃米羅及厄慕薩兩島登陸。

3月21日

國內

　　美國 B－二四解放機至華編為第二零八轟炸機隊。

國際

　　匈牙利國會閉會，德軍由牙開入羅境。

3月22日

國內

　　我與加拿大簽訂互助協定，由加以供應品給我國。

國際

　　艾登宣佈英不更改英、義現行關係，決不以希、南
土地為誘保退出戰爭之餌。

3月23日

國內

　　汪逆精衛赴日養疾，偽主席由陳逆代理。

3 月 24 日
國際

孟拱河谷美軍攻至甘卡斯頓。

緬空運指揮溫加特乘機失事逝世。

3 月 25 日
二戰區

組建建基會在克開幕，閣長官提八項施政綱領，謂世界雖尚小康，我國則可大同。

國際

匈牙利下總動員令，由德供給武器，保亦改編陸軍由德利用。

3 月 26 日
二戰區

建基會閣長官講，合謀是王道政治，劃分份地即是實行按勞分配，兵農合一可以減免浪費人力。

國內

敵機分六批在平漢、隴海兩路襲擾。

國際

德軍退出比薩拉比亞之巴爾蒂。

3 月 27 日
二戰區

組成建基會，通過十一月十一日為兵農合一節。

90 | 閻錫山故居所藏第二戰區史料 **第二戰區抗戰大事記**（1943-1945）
Historical Documents of the Second Theater in the Yan Hsi-shan's Residence
The Daily Records of the Second Theater in the Second Sino-Japanese War, 1943-1945

國內

我軍向宜昌以北敵據點反攻。

國際

義境盟軍被逼自喀辛諾區撤退。

3月28日

國際

緬北我軍克復黃勞陽。

敵航空總監由後宮繼任。

3月29日

國內

第一屆青年節，蔣主席告青年書以犧牲個人自由、
求取國家自由相勉。

國際

孟拱河谷我軍續佔拉班。

美艦隊猛攻帛琉群島。

3月30日

二戰區

建基會上，閻長官指示各縣建立示範村。

國內

法民族委員會代表貝志高抵渝。

國際

德軍退出羅馬尼亞北部之徹納維茲。

日、蘇簽訂協定將漁業協定延長五年，日將北庫頁

島油礦權移蘇。

3 月 31 日

國內

　　于學忠任軍事參議院副議長。

國際

　　蘇軍進展至距離捷克斯拉夫十五哩地。

　　印境伊姆法爾日軍向科希馬進犯。

92 | 閻錫山故居所藏第二戰區史料 **第二戰區抗戰大事記**（1943-1945）
Historical Documents of the Second Theater in the Yan Hsi-shan's Residence
The Daily Records of the Second Theater in the Second Sino-Japanese War, 1943-1945

4月1日

國際

攻帛琉之美艦安全撤退，共毀日艦廿五艘。

美軍接管孟加拉至阿薩密鐵路。

4月2日

國內

出席國際勞工大會代表朱學範等離渝出國。

國際

蘇聯妄傳我軍入外蒙境內。

4月3日

二戰區

組成建基會閉幕，通過兵農合一下施政綱領。

國際

英空軍在挪威北部海中將德戰艦特里比茲號炸傷。

4月4日

國際

美機轟炸匈、羅兩京。

4月5日

國內

敵機襲桂林。

國際

喀辛納城區大部入德掌握。

4月6日
國際

蘇軍攻克斯卡拉。

印境日軍佔領伊姆法爾東北之葉千柏比。

4月7日
國際

希特勒在貝茲加登召集軍政會議。

入印日軍向科希馬城郊進犯。

美助國務卿斯退丁紐斯抵英倫。

4月8日
國際

德當局在法、比邊界實施泛濫政策。

戴高樂任吉羅德為陸軍總監兼顧問。

4月9日
國際

蘇軍強渡普盧特河。

美機襲不倫瑞克，擊落德機八十一架。

4月10日
國際

緬北我軍克復瓦康，甘卡斯頓以東被困之美軍已解圍。

德軍撤出敖德薩。

94　　閻錫山故居所藏第二戰區史料 **第二戰區抗戰大事記**（1943-1945）
Historical Documents of the Second Theater in the Yan Hsi-shan's Residence
The Daily Records of the Second Theater in the Second Sino-Japanese War, 1943-1945

4月11日

國際

利比里亞參加聯合國。

克里米亞蘇軍收復刻赤。

4月12日

二戰區

山西省婦女工作委員會派員赴各縣加強領導。

國際

科希馬展開激烈戰鬥。

美機轟炸荷蘭蒂亞。

義王宣佈盟軍入羅馬後即遜位太子安伯托。

4月13日

國內

新會敵進犯石頭橋，我軍迎頭痛擊。

國際

緬北我三十八師佔領瓦康西南之丁林。

澳軍佔領新幾內亞日海岸基地波加站。

4月14日

國內

中加新約簽字，加廢除在華治外法權。

國際

吉羅德拒絕改任新職位。

4 月 15 日
國際

孟拱河谷我軍續佔孟古加唐。

4 月 16 日
國際

東南亞盟軍總部自新德里遷至錫蘭島之康提。

4 月 17 日
國內

馬關條約紀念日，旅渝台澎人士集會紀念。

國際

伊姆法爾平原盟軍向科希馬提馬坡公路進攻。

4 月 18 日
國內

豫敵由中牟、賈魯、河西渡向我猛犯。

國際

盟機五千架自英襲德。

4 月 19 日
國內

豫東渡河敵一股經郭店向密縣進犯，一股由南曹向鄭州進犯。

國際

自提馬普向南推進之英軍與被圍於科希馬英印軍

96 | 閻錫山故居所藏第二戰區史料 **第二戰區抗戰大事記**（1943-1945）
Historical Documents of the Second Theater in the Yan Hsi-shan's Residence
The Daily Records of the Second Theater in the Second Sino-Japanese War, 1943-1945

連繫。

東南亞海軍進襲蘇門答臘北部之薩本。

4月20日

國內

侵至鄭州東南地區敵除犯鄭州外，一股向密縣進犯，一股向新鄭進犯。

國際

國際勞工會議在美國費城開幕。

4月21日

國內

敵機三十九架襲豫各地。

豫敵侵入尉氏、廣武、新鄭，渡汜水西犯敵與我在虎牢關前血戰，我英勇壯丁四百殉國。

國際

巴多格里奧組織代表六大政黨的新內閣。

法在遠東一切屬地，戴高樂稱不擬放棄。

4月22日

國內

敵寇侵入鄭州。

國際勞工局推我為常任理事。

國際

聯合國專家對於建立國際貨幣基金之宣言由我與英、美同時公佈。

4 月 23 日
國內

　　新鄭以東敵侵入長葛城，犯密縣敵向城郊進攻，我軍轉移陣地。

國際

　　麥克阿瑟親督大軍在新幾內亞三處登陸，佔領荷蘭蒂亞城。

4 月 24 日
國內

　　大韓民國臨時議政院仍由金九連任主席。

　　密縣敵西犯盧店，新鄭敵西犯石固鎮。

國際

　　德公佈希、墨會晤在防禦盟軍登陸。

　　英軍事代表團抵土京重開談判。

4 月 25 日
國內

　　敵機三十二架在西安投彈，尉氏敵向鄢陵進犯。

國際

　　英屬新幾內亞艾塔普區日軍被肅清。

4 月 26 日
國內

　　虎牢關被敵突破，我軍與之血戰。

98 | 閻錫山故居所藏第二戰區史料 **第二戰區抗戰大事記**（1943-1945）
Historical Documents of the Second Theater in the Yan Hsi-shan's Residence
The Daily Records of the Second Theater in the Second Sino-Japanese War, 1943-1945

國際

新幾內亞澳軍收復邁當。

4月27日

國內

皖北壽縣敵侵入潁上。

國際

緬北我軍佔領蠻賓。

4月28日

國內

我空軍飛臨黃河鐵橋投彈。

虎牢關陷入敵手。

國際

美海長諾克斯逝世。

美航艦再度向土魯克進擊。

4月29日

二戰區

美國援華救濟委員會視察員施密特蒞晉謁閻長官。

國內

汜水方面我軍攻克米河鎮、馬鞍嶺。

國際

伊姆法爾平原盟軍反攻。

4月30日

國內

長葛、新鄭敵向許昌進犯。

國際

孟拱區我軍佔領南布昂。

100 閻錫山故居所藏第二戰區史料 **第二戰區抗戰大事記**（1943-1945）
Historical Documents of the Second Theater in the Yan Hsi-shan's Residence
The Daily Records of the Second Theater in the Second Sino-Japanese War, 1943-1945

5月1日

二戰區

興集舉行五一勞動節，長官題字獎勵勞動英雄。

國內

我空軍轟炸運城及鄭州敵機場。

信陽分四路向北進犯。

許昌境內敵分股犯襄城、鄢城。

國際

英倫舉行各自治領總理會議，由邱吉爾主席。

緬北我軍首次以坦克車攻擊敵陣地。

5月2日

國內

豫南敵侵入明港向確山進犯，許昌敵向郟縣進犯。

中、英簽訂協定，英以五千萬鎊貸予我國，供給我軍器。

林祖涵、王世杰、張治中到西安會談。

國際

前美駐日大使格魯任國務院遠東司司長。

5月3日

國內

密縣敵侵至登封以東盧店附近，郟縣城被敵侵佔，敵向西北進犯，侵入臨汝。

國際

英總理會議戰局檢討會議結束，同意加束結束太平

洋戰事。

孟拱河谷我軍佔領茵康加唐。

5 月 4 日

國內

豫南敵軍侵入確山，禹縣、許昌情況不明，敵軍越過臨汝強渡伊河，向洛陽進犯。

國際

美機向德作十九日來之大舉轟炸。

5 月 5 日

國內

向洛陽進犯敵被我阻止於龍門以南，襄城被敵佔領，敵向葉縣進犯，並與郟縣敵會犯寶豐。

我與哥斯達黎加友好條約簽字。

國際

印度政府宣佈釋放甘地。

敵宣佈太平洋艦隊司令古賀峯一三月間作戰殉職，遺缺由豐田副武繼任。

5 月 6 日

國內

敵軍侵入鄢城、漯河。

我軍退出登封。

國際

國際勞工局選朱學範為理事。

102 | 閻錫山故居所藏第二戰區史料 **第二戰區抗戰大事記**（1943-1945）
Historical Documents of the Second Theater in the Yan Hsi-shan's Residence
The Daily Records of the Second Theater in the Second Sino-Japanese War, 1943-1945

美機轟炸關島。

5月7日

國內

侵至葉縣敵向魯山進犯。

國際

美海軍領袖金氏、尼米茲、海爾賽三人在舊金山開太平洋作戰會議。

5月8日

國內

臨汝境內敵西犯伊陽，遂平被敵侵入。

敵酋畑俊六抵鄭州指揮作戰。

英王授何應欽、商震、周至柔、楊宣誠、俞大維勳章，典禮在英使館舉行。

國際

捷克政府與蘇成立協定，隨蘇軍入捷，在戰時其領土置於蘇軍之下。

5月9日

國內

洛陽南敵五次猛犯被我擊退，魯山城陷入敵手。

垣曲敵由東灘村、白浪渡強渡黃河，向澠池境進犯。

平漢路南北進犯敵在駐馬店會合。

國際

蘇軍克復塞把斯托波爾港。

5 月 10 日

國內

皖北我軍收復潁上。

龍門敵侵至關帝陵。

國際

阿薩密鐵路已不受日軍威脅。

5 月 11 日

國內

我軍在垣曲上空擊落敵機六架。

洛陽南敵西犯松澗鎮車站，澠池敵一股犯英豪，一股犯觀音堂，伊川敵向嵩縣進犯。

滇西我軍分途強渡怒江。

國際

義大利盟軍全線反攻，盟機八千架空襲西歐。

5 月 12 日

國內

敵戰車二百餘輛向洛陽猛撲，我軍與敵在城郊往返激戰。

英豪敵東犯侵入澠池城。

國際

在前線自殺之敵聯合艦隊司令在東京入葬。

英、美、蘇向羅、保、芬發出最後通牒，促即停止作戰。

104　閻錫山故居所藏第二戰區史料 **第二戰區抗戰大事記**（1943-1945）
Historical Documents of the Second Theater in the Yan Hsi-shan's Residence
The Daily Records of the Second Theater in the Second Sino-Japanese War, 1943-1945

5月13日

國內

豫南我克復遂平。

宜陽東北地區敵我血戰。

國際

義境盟軍越過拉比杜河，佔領聖安幾羅。

5月14日

國內

豫南我軍收復界牌及駐馬店。

新安敵向張茅鎮進犯，洛陽四郊血戰甚烈。

國際

緬北我軍佔領大倫羊。

5月15日

國內

渡怒江我軍將高黎貢山腹部馬面關攻克。

國際

英、美與荷、比締結協定，規定荷、比國土解放後
民政事宜。

5月16日

國內

滇西龍川江東岸我軍攻克橋頭街、片馬、瀘水。

蘇大使由新返蘇。

國際

　　緬北我三十八師逼近瓦倫。

5月17日

國內

　　嵩縣敵西犯侵入洛寧城。

　　共黨代表林祖涵隨張治中到渝。

國際

　　中、美聯軍經廿日行軍，越庫芒山佔領密支那機場，向密城進攻。

　　英、美機聯合轟炸爪哇之泗水。

5月18日

國內

　　沿隴海路敵侵入陝縣，西犯大營。

　　洛寧敵、嵩縣敵西犯，侵至盧氏東之故縣獅廟。

　　豫南我攻入西平。

國際

　　義境盟軍佔領喀辛納。

　　西班牙宣佈封閉丹吉爾德領事館。

　　荷屬新幾內亞美軍佔領威克德島。

5月19日

國內

　　共黨領袖林祖涵覲見主席。

106 閻錫山故居所藏第二戰區史料 **第二戰區抗戰大事記**（1943-1945）
Historical Documents of the Second Theater in the Yan Hsi-shan's Residence
The Daily Records of the Second Theater in the Second Sino-Japanese War, 1943-1945

國際

美海次福爾斯特爾任海長。

密支那我軍攻佔車站，城內竟日血戰。

5月20日

國內

豫南我軍再克復確山城，侵至范蠡鎮敵與我軍在盧
氏近郊展開激戰。

十二中全會由總裁領導在渝開幕。

國際

義境盟軍突破希特勒防線，美軍並佔加厄大。

中英海員平等待遇協定在英倫簽字。

5月21日

國內

陝州敵三路向東南姚店進犯，我三十六集團軍總司
令李家鈺率眾衝殺，中彈殉國。

國際

威克德與塞爾密美軍渡河成功。

5月22日

國內

我軍克復魯山，三路向敵反攻，由盧氏北侵靈寶敵
向大營潰退。

國際

商震拜訪史汀生、金氏。

中、美代表在華府開始商談戰後問題。

5 月 23 日
國內

洛陽城郊敵我血戰。

國際

義境美第五軍在安濟奧灘頭發動反攻。

5 月 24 日
國內

滇西我軍經十二日總攻後克復大塘子。

國際

中、美軍擊退向孟拱反攻之日軍。

5 月 25 日
國內

全會第五次會議通過確立中央與地方行政之關係案、改善出版檢查制度案。

守備洛陽之六四、六五、九四等師與敵巷戰後,向豫西撤退,洛陽陷入敵手。

國際

美機轟炸日馬爾克斯島。

英外相重申保證中國失土應予收復。

108　閻錫山故居所藏第二戰區史料 **第二戰區抗戰大事記**（1943-1945）
Historical Documents of the Second Theater in the Yan Hsi-shan's Residence
The Daily Records of the Second Theater in the Second Sino-Japanese War, 1943-1945

5月26日

二戰區

中外記者西北參觀團抵克難坡。

國內

全會第六次會議通過加強管制物價方案緊要措施，改選陳果夫繼任組織部長，十一時閉幕。

國際

孟拱河谷我軍攻克瓦倫。

羅斯福宣佈通知各國七月一日召開國際貨幣會議。

5月27日

二戰區

首腦部與記者團舉行兵農合一及新經濟政策坐談會。

國內

湘北敵分四路強渡新牆河南犯，長江南岸敵由華容、藕池口、彌陀寺等分路向濱湖地區近犯。

國際

中、美軍復分五路向密支那城進攻。

美軍在新幾內亞西北部基爾文克灣之拜阿克島登陸。

緬境英突襲隊撤離孟拱西南之公路鐵路線。

5月28日

二戰區

記者團公祭趙故主席，午後正式謁見閻長官。

國內

新墻河南岸我與敵在黃沙街激戰。

濱湖區南縣、公安展開激戰。

豫中我再克魯山。

國際

義境德軍放棄阿浦利里亞。

5 月 29 日

二戰區

閻長官再度接見記者團，答復所提有關晉事之軍事、政治諸問題。

國內

全國行政會議開幕，討論中央與地方行政事項、地方自治權推行事項、穩定物價事項、收復淪陷區及戰後復員計劃。

國際

安濟奧美軍進至阿爾巴納。

5 月 30 日

二戰區

閻長官發表臨別贈別贈言及致中國記者書。

國內

鄂南敵侵入通城。

濱湖區我軍退出公安、南縣，由營田登陸敵強渡汨羅江，在眠羊山一帶激戰。

國際

赫爾接見中、蘇大使，宣佈美請中、英、蘇派代表赴美開會，建立戰後國際安全機構。

110 閻錫山故居所藏第二戰區史料 **第二戰區抗戰大事記**（1943-1945）
Historical Documents of the Second Theater in the Yan Hsi-shan's Residence
The Daily Records of the Second Theater in the Second Sino-Japanese War, 1943-1945

5月31日

二戰區

中外記者參觀團離克赴延安。

中、美機在臨汾敵機場毀敵機六架。

國內

湘北汨水全線，東起平江、上墩、南江橋經涪口、長樂街、新市，西迄歸義、營田，二百里間激戰。

豫中我軍克復嵩縣，滇西克復大塘子。

國際

義境德軍退出佛羅西隆。

6月1日
國內
　　湘北敵由長樂街、新市強渡汨水侵入平江，鄂西敵侵安鄉。
國際
　　美副總統赴西伯利亞。

6月2日
國內
　　由平江南犯敵與我發生激烈之山地戰。
　　中、美機轟炸鄭州。
國際
　　緬北我軍克復馬拉關。
　　美機炸德後首次在蘇境美基地著陸。

6月3日
國內
　　長江南岸我軍收復安鄉。
　　汨羅江南岸在沙基市長嶺、南陽廟、蒲店、花橋等地激戰，由通城經長壽街敵侵入瀏陽東門市、官渡市。
國際
　　柏林宣佈德軍撤離羅馬。

6月4日
國內
　　中、美空軍對臨汾敵機場、運城火車站投彈掃射。

112 閻錫山故居所藏第二戰區史料 **第二戰區抗戰大事記**（1943-1945）
Historical Documents of the Second Theater in the Yan Hsi-shan's Residence
The Daily Records of the Second Theater in the Second Sino-Japanese War, 1943-1945

國內

汨羅江南岸敵分五路向南猛撲，豫東敵再陷鄢陵。

國際

美第五軍進入羅馬市。

緬北我軍佔領通邦開。

6月5日

國內

鄂西我軍克復公安、浣市。

長沙保衛戰在東北郊麻林市、新洋橋等地展開。

豫西陝縣敵向大營以南進犯，侵陷魯山敵南向讓河
進犯。

中央依據林氏要求提出政治解決提示案，林氏亦提
中共對解決目前政治問題的意見。

國際

義王愛麥虞限將大權讓與王儲安伯托。

6月6日

國內

沿粵漢路南犯敵與我激戰於撈刀河北岸。

豫西敵續向大營西南地區進犯。

林祖涵表示中央提示案，與中共意見相距甚遠。

國際

盟軍在法北部塞納灣諾曼第半島、哈佛等處登陸。

6月7日

二戰區

我機沿同蒲路在介休、平遙、祁縣掃射。

國內

湘北由撈刀河迄沙市街血戰，南犯瀏陽敵侵至古港市。

滇西我宋希廉軍猛攻龍陵。

國際

登陸盟軍佔領貝葉。

艾帥巡視進攻海濱，與各作戰司令會商。

拜阿克島美軍佔領莫克摩機場。

6月8日

二戰區

我空軍飛太原敵機場轟炸。

國內

撈刀河東端五家渡敵渡河向永安市進犯，營田南犯敵侵入湘陰，益陽敵與我在楓林橋激戰。

國際

意境盟軍佔領希維塔齊亞港。

蒙哥馬利在法成立總部督戰。

6月9日

國內

鄂西我軍收復南縣。

長沙外圍金井、福臨舖激戰，益陽城郊敵被我逐退。

114 | 閻錫山故居所藏第二戰區史料 **第二戰區抗戰大事記**（1943-1945）
Historical Documents of the Second Theater in the Yan Hsi-shan's Residence
The Daily Records of the Second Theater in the Second Sino-Japanese War, 1943-1945

敵輕裝部隊竄至靈寶西南七十哩處朱陽鎮進犯。

國際

意皇儲任命意民族解放會主席波諾米組織新閣。

6月10日

二戰區

我空軍轟炸汾陽。

國內

滇西我軍攻克龍陵。

靈靈城內及城南高家莊發生爭奪戰。

金華敵發動攻勢，陷我湯溪。

國際

法境盟軍佔領貝葉、克恩間之聖克洛沙。

蘇軍在北線發動攻勢。

6月11日

國內

長沙東北敵由赤石河附近強渡撈刀河。

國際

美機自蘇聯卡爾科夫基地轟炸德國。

緬北我軍佔領龍京。

6月12日

二戰區

我空軍再飛太原掃射。

國內

強渡撈刀河敵向東屯渡、椰黎市、東山渡等地猛犯。

湯溪敵侵入龍游。

國際

法北美軍衝入加倫登。

英相、艾帥、金氏、馬歇爾巡視法北。

6 月 13 日

國內

長沙北面敵由霞凝港西渡湘江，向火口山進犯。

國際

法北兩軍爭奪提利城。

6 月 14 日

國內

豫西我軍克復函谷關。

永安市敵強渡瀏陽河向易家灣進犯。

國際

美海軍在馬利亞納群島中之塞班島登陸。

6 月 15 日

二戰區

我空軍轟炸永濟車站。

國內

豫西我軍克復靈寶城及大營鎮。

長沙城外岳麓山展開激戰。

116
閻錫山故居所藏第二戰區史料 **第二戰區抗戰大事記**（1943-1945）
Historical Documents of the Second Theater in the Yan Hsi-shan's Residence
The Daily Records of the Second Theater in the Second Sino-Japanese War, 1943-1945

瀏陽城被敵侵入。

國際

美超級空中堡壘二十架自中國西部飛炸日本之門司、八幡、小倉等地。

6月16日

國內

豫中我克復汝南。

長沙近郊在黃土嶺、望城坡激戰，株州城被敵攻陷。

國府令派孔祥熙出席國際貨幣金融會議。

國際

德無駕駛員飛機襲英倫南部。

6月17日

國內

株州南易家灣敵強渡湘江侵入湘潭，寧鄉城內及長沙城郊均在血戰。

國際

緬北我二十二師攻佔加邁。

6月18日

國內

湘北我軍退出長沙城。

國際

塞班島空戰中日機被毀三百五十架。

6月19日
國內
　　豫中敵侵入周家口。
國際
　　美海軍在馬利亞納西海面轟炸日海軍，日海軍向呂宋逃去。

6月20日
國內
　　美副總統華萊氏由迪化飛抵渝。
　　湘江東醴陵城被敵攻陷。
國際
　　美軍開始進攻瑟堡。
　　蘇軍佔領芬蘭東部的門戶維堡。

6月21日
國內
　　豫中我克嵩縣。
　　湘中敵沿粵漢路及兩岸南犯，湘鄉城被敵侵入。
國際
　　敵京開重臣會議，檢討戰局。

6月22日
國內
　　湘江東岸敵分向攸縣、衡山進犯。

118 | 閻錫山故居所藏第二戰區史料 **第二戰區抗戰大事記**（1943-1945）
Historical Documents of the Second Theater in the Yan Hsi-shan's Residence
The Daily Records of the Second Theater in the Second Sino-Japanese War, 1943-1945

國際

美機千架轟炸瑟堡。

蘇聯在中線發動攻勢，開始向威得比斯克及明斯克
進攻。

6月23日

國內

湘江東岸敵向衡陽南泊水及衡陽東泉溪市進犯。

國際

孔祥熙抵華府。

6月24日

國內

衡陽東北敵由吳集強渡淥水向茶山舖進犯，泉溪市
敵強渡耒河犯五馬歸槽，湘東敵侵入萍鄉，攸縣、衡山
亦陷敵手。

國際

美機空襲小笠原群島。

緬北我三十八師攻入孟拱。

6月25日

國內

衡陽外圍敵渡過東陽渡侵入我機場及火車站。

國際

美軍攻入瑟堡。

蘇軍收復威得比斯克。

6 月 26 日
國內

衡山、湘潭、湘鄉等地敵向南急進，企圖與湘江東岸敵圍犯衡陽。

金華敵侵入衢縣。

國際

我軍完全佔領孟拱。

6 月 27 日
國內

衡陽城外激戰，攸縣敵南犯安仁，益陽城內展開激戰。

國際

美共和黨大會通過杜威為下屆總統候選人。

羅、孔會談中美合作問題。

6 月 28 日
國內

我軍克復萍鄉，衡陽城郊敵猛攻張家山火車站、汽車站，施放毒氣彈。

浙西我克復衢縣。

國際

新幾內亞盟軍佔領漢薩灣。

120 閻錫山故居所藏第二戰區史料 **第二戰區抗戰大事記**（1943-1945）
Historical Documents of the Second Theater in the Yan Hsi-shan's Residence
The Daily Records of the Second Theater in the Second Sino-Japanese War, 1943-1945

6月29日

國內

　　浙西克復龍游。

國際

　　蘇軍收復南路布魯羅伊斯克，北線佔領卡累利阿共
和國首都彼得羅薩佛得斯克。

6月30日

國內

　　浙西克復湯溪，恢復原態勢。

國際

　　美與芬蘭斷絕邦交。

7月1日

國內

　敵以大砲、燒夷彈、瓦斯彈向衡陽城攻擊，張家山陣地失而復得。

國際

　塞班島美軍向加拉班北山脈推進。

　國際貨幣會議在美布里敦森林開幕。

7月2日

國內

　華萊士離蘭返國。

國際

　義境第五軍佔領塞希納。

7月3日

國內

　湘鄉敵侵入永豐，湘江東岸敵續犯耒陽以南之肥江、清水舖。

國際

　蘇軍收復白俄羅斯首府明斯克。

7月4日

國內

　廣東我克復龍門。

國際

　塞班美軍佔領馬利亞納群島首府加拉班。

122 | 閻錫山故居所藏第二戰區史料 **第二戰區抗戰大事記**（1943-1945）
Historical Documents of the Second Theater in the Yan Hsi-shan's Residence
The Daily Records of the Second Theater in the Second Sino-Japanese War, 1943-1945

7月5日

國內

湘江兩岸我向敵反攻，耒陽南克復肥江。

7月6日

國內

我軍攻達醴陵、攸縣城郊。

國際

戴高樂飛抵華府。

7月7日

二戰區

閻長官發表告人民書，以實行循環檢舉與兵農合一兩事相勉。

國際

美超級堡壘轟日軍港佐世保。

7月8日

國內

衡陽郊區戰況慘烈。

國際

法境美軍佔領海伊每克恩。

7月9日

國內

滇西我軍攻抵騰衝城下。

國際

　　蘇軍攻入拉脫維亞境。

7 月 10 日
國內

　　衡陽外圍敵以飛機、大砲向市內猛攻。

7 月 11 日
國內

　　衡陽外圍敵軍攻入虎形山。

國際

　　孔祥熙謁美總統呈蔣主席有關作戰之機密函。

7 月 12 日
　　【無記載】

7 月 13 日
國內

　　衡陽外圍敵軍向張家山、蕭家山猛攻。

　　林祖涵會張治中，詢問中央對其所提十二項的議見。

國際

　　蘇軍佔領維爾那。

　　英人對國際貨幣會議持悲觀的保留態度。

124 | 閻錫山故居所藏第二戰區史料 **第二戰區抗戰大事記**（1943-1945）
Historical Documents of the Second Theater in the Yan Hsi-shan's Residence
The Daily Records of the Second Theater in the Second Sino-Japanese War, 1943-1945

7月14日

國內

中美空軍自晨至暮飛衡陽助戰。

國際

美特種艦隊猛攻關島。

7月15日

國內

衡陽外圍在五桂嶺激戰。

國際

中印緬戰區飛機引擎檢查廠開幕。

日方廣播所俘美空軍人員已被斬首。

7月16日

國內

十四航空隊轟炸長沙，七十六處發生大火。

國際

塞班完全為美軍佔領，敵中太平洋總司令南雲忠一
等死之。

7月17日

國際

敵海相島田繁太郎辭職，由野村津邦繼任。東條辭
陸軍參謀總長兼職，由梅津美治郎繼任，山田乙三任關
東軍司令。

7 月 18 日

國內

行政院議決王東原任鄂省主席，劉茂恩任豫省主席。

國際

法境美第一軍攻入聖羅。

東條向倭皇提出辭呈。

7 月 19 日

國際

義境盟軍佔領里窩那與安科那。

7 月 20 日

國內

廣東清遠敵繼續北犯。

國際

希姆萊任德陸軍總司令，古里德安任參謀總長。

美海軍陸戰隊第三師在關島登陸。

史托芬堡謀刺希特勒未成。

7 月 21 日

國內

衡陽上空激戰，擊落敵機六架。

7 月 22 日

國內

衡陽外線我軍向敵猛攻，推進至五馬歸槽及回雁寺。

126 | 閻錫山故居所藏第二戰區史料 **第二戰區抗戰大事記**（1943-1945）
Historical Documents of the Second Theater in the Yan Hsi-shan's Residence
The Daily Records of the Second Theater in the Second Sino-Japanese War, 1943-1945

國際

敵酋小磯國昭組織新閣，由米內光政任海相，杉山元任陸相。

世界貨幣會議閉幕。

7月23日

國內

湘江西岸我軍攻入湘鄉。

國際

莫斯科電台廣播，波蘭民族解放委員會已成立，該會發出宣言否認流亡政府。

美國海軍陸戰隊第二師及第四師登陸狄寧島。

蘇軍佔領北斯哥夫。

7月24日

國內

中美空軍轟炸岳州敵白螺磯機場，毀敵機卅四架。

國際

蘇軍佔領盧布林。

波蘭民族解放委員會宣言，規定波蘭新國界，將東白俄羅斯及烏克蘭讓蘇，而以德之東普魯士及奧得河以東地區補償。

7月25日

國際

東南亞盟國海軍砲擊沙斑。

7月26日

國內

湘省我軍一度攻入耒陽城內。

王、張再與林祖涵會面，詢問中共對中央提示案之迄未回答復。

國際

羅斯福總統到珍珠港與尼米茲、麥克阿瑟會商對日新攻勢。

7月27日

國內

騰衝外圍我軍克復來鳳山。城內敵四次脫圍未逞。

國際

莫斯科宣布與波民族委會簽訂協定，蘇軍總司令在波領土內，掌有最高權力。

蘇軍攻入羅夫。

7月28日

國際

蘇軍佔領布勒斯特里多夫斯克。

7月29日

國內

美空軍首次遠征遼寧，鞍山、大連均被炸。

國際

蘇軍佔領考那斯。

128 | 閻錫山故居所藏第二戰區史料 **第二戰區抗戰大事記**（1943-1945）
Historical Documents of the Second Theater in the Yan Hsi-shan's Residence
The Daily Records of the Second Theater in the Second Sino-Japanese War, 1943-1945

泰國法西斯領袖鑾披汶辭總理職。

7月30日

二戰區

中美空軍轟炸運城。

7月31日

國際

美軍第一軍衝入阿倫維契，向布列塔尼半島前進。

8 月 1 日

國內

敵向衡陽內線郊區猛攻。寧鄉城陷入敵手，我全部守軍殉難。

國際

波羅的海蘇軍佔領考那斯。

瑟堡半島，英軍佔領考蒙。

曼納林就任芬蘭總統。

菲律賓總統奎松逝世，由奧斯敏納繼任。

8 月 2 日

國內

我空軍不斷出擊協助衡陽守軍，毀敵卡車二百輛。

美軍事代表團派視察組至延安。

滇西我軍攻入騰衝東北及西南城內。

國際

土耳其應英要求對德絕交。

8 月 3 日

國內

我空軍志航大隊在衡陽破敵聯合攻勢。

國際

蘇軍橫穿拉脫維亞，控制里加灣。

美第一軍佔領勒恩，南迫聖馬羅。

美總統視察阿留申群島。

130 | 閻錫山故居所藏第二戰區史料 **第二戰區抗戰大事記**（1943-1945）
Historical Documents of the Second Theater in the Yan Hsi-shan's Residence
The Daily Records of the Second Theater in the Second Sino-Japanese War, 1943-1945

8月4日

國內

雷州半島敵侵入廉江，敵廣播對衡陽發動總動。

國際

緬北我第五十師攻克密支那城。

8月5日

國內

敵以大隊空軍猛炸衡陽。

國際

敵謀軍政聯合共定作戰計劃，設戰事最高委員會。

布列塔尼半島美軍進至布萊斯特及聖那最爾近郊。

8月6日

國內

滲入衡陽內線之敵被撲滅。

國際

華沙西蘇軍佔領布隆納，並渡過維斯拉杜河。拉脫
維亞蘇軍亦進至東普魯士邊境。

美第三軍迂回巴黎，佔領拉發爾與邁昂諾。

8月7日

國內

衡陽敵自北門突入城，與我第十軍短兵相接，展開
巷戰。

國際

德為牽制巴頓攻勢，將摩坦佔領。

8 月 8 日

國內

苦守四十八日之衡陽陷入敵手。

國際

羅科索夫斯基所部自波蘭向東普魯士發動新攻勢。

關島敵軍有組織的抵抗停止。

8 月 9 日

國內

騰衝城內擊退敵人數度反攻。

國際

美軍第三軍佔領勒蒙，愛帥總部遷至法境。

8 月 10 日

二戰區

中美空軍遠征太原敵機場，毀敵機二十五架。

國際

美第三軍攻入南特。

8 月 11 日

國際

第三軍佔領巴黎西南四十哩之沙特爾。

132 | 閻錫山故居所藏第二戰區史料 **第二戰區抗戰大事記**（1943-1945）
Historical Documents of the Second Theater in the Yan Hsi-shan's Residence
The Daily Records of the Second Theater in the Second Sino-Japanese War, 1943-1945

8月12日

國際

義境蒙軍佔領要鎮佛羅隆薩。

8月13日

國內

美英境轟炸隊司令調為第二十轟炸機隊司令，指揮華西巨機。

國際

英、美、加軍開始向法萊斯德軍進攻。

8月14日

國內

我軍在宜昌周圍展開攻勢。

國際

蘇軍在華沙西維斯拉杜河建立橋頭堡壘三處。

8月15日

國內

耒陽城內展開激烈巷戰。

國際

美國第七軍登陸法國南部，在尼斯、馬賽間建立陣地。

印督復函甘地拒絕成立國民政府建議。

8月16日

國內

龍陵城區我軍擊退敵人反攻。

國際

德第七軍自法萊斯區向塞納河撤退。

8月17日

二戰區

空軍第二大隊襲擊太原。

國內

湘鄉敵南犯。

國際

美第三軍佔領奧爾良及杜勒，巴黎城內已聞槍聲。

8月18日

國內

政府公佈派顧維鈞為出席國際和平機構會議首席代表，胡世澤、商震、魏道明為代表。

國際

美軍進至距巴黎二十哩處。一路並攻入凡爾賽。

8月19日

【無記載】

134 | 閻錫山故居所藏第二戰區史料 **第二戰區抗戰大事記**（1943-1945）
Historical Documents of the Second Theater in the Yan Hsi-shan's Residence
The Daily Records of the Second Theater in the Second Sino-Japanese War, 1943-1945

8月20日

國內

耒陽城內我軍突至郊區與友軍會合。

國際

蘇軍向羅馬尼亞開始總攻。

貝當致書希特勒，反對迫彼遷離法境。

8月21日

國際

討論世界安全機構，英、美、蘇會議開幕。

德國宣佈將使法京免於戰事。

8月22日

國內

湘東我軍圍攻醴陵。滇西攻克龍陵舊城。

國際

蘇軍佔領羅境的雅西。

美第三軍突越巴黎東南六十哩之桑氏城。

8月23日

國內

中美空軍出襲開封。

國際

羅馬尼亞向蘇請求停戰。

8 月 24 日
國內
中美空軍轟炸宜昌。
國際
第三烏克蘭軍佔領比薩拉比亞首府基希尼夫。
巴黎城德軍停戰，盟軍解放法都。

8 月 25 日
國內
鄭州空戰擊落敵機三架。
第四軍長張德能因作戰不力，致長沙棄守，在前線正法。
國際
羅馬尼亞對德宣戰。

8 月 26 日
國內
浙江武義敵侵至麗水。
國際
南斯拉夫宣佈撤消米海羅維區總部。
南法盟軍解放里昂，進迫義邊。

8 月 27 日
國內
湘南敵犯永豐。

136 | 閻錫山故居所藏第二戰區史料 **第二戰區抗戰大事記**（1943-1945）
Historical Documents of the Second Theater in the Yan Hsi-shan's Residence
The Daily Records of the Second Theater in the Second Sino-Japanese War, 1943-1945

國際

　　艾帥偕布萊德雷進入巴黎。

　　南法盟軍佔領土倫。

8月28日

國內

　　我軍三面圍攻茶陵城。鄂西猛攻當陽。

國際

　　美國務院否認費立潑斯之召回係因對印局報告引起英方不滿之傳說。

8月29日

國內

　　新疆省主席盛世才調農林部長，由吳忠信繼任主席。

國際

　　蘇軍佔領羅國的黑海要港康斯坦薩。

　　美軍沿馬恩河疾進。

　　美、英、蘇代表發表聯合聲明，對擬議和平機構之組織，已商得一致之協調。

8月30日

國內

　　騰衝城內我軍攻佔孔廟。

　　林祖涵函復主張，堅持擴軍及保持各邊區。

國際

　　蘇軍佔領羅國的產油區普洛業什特。

英軍進入塞納河以北之盧昂。

8月31日

國內

　　中美空軍襲湘、鄂等地，在漢口擊落敵機八架。

國際

　　蘇軍開入羅京布加勒斯特，及保、羅邊境。

　　塔斯社聲明不承認保加利亞的中立。

閻錫山故居所藏第二戰區史料 **第二戰區抗戰大事記**（1943-1945）
Historical Documents of the Second Theater in the Yan Hsi-shan's Residence
The Daily Records of the Second Theater in the Second Sino-Japanese War, 1943-1945

9月1日

國內

　　耒陽以西敵向常寧進犯。

國際

　　蘇軍掌握羅國全土，分兵向保、匈推進。

　　美軍前哨進入凡爾登。

　　德長射程砲猛轟英倫歷四小時。

9月2日

國內

　　衡陽西南敵續向祁陽東北之金蘭橋進犯。

國際

　　蘇、羅聯軍進入南斯拉夫東部，與南解放軍狄托部
聯合。

9月3日

國內

　　沿湘桂路進犯敵與我血戰甚殷。

9月4日

國內

　　常寧城郊三面血戰。

國際

　　英軍解放比京布魯塞爾。

　　芬蘭接受蘇聯停戰條件，雙方正式休戰。

9 月 5 日

國內

參政會第三次大會開幕。

祁陽陷入敵手，常寧、寶慶仍在血戰中。

國際

英、加軍解放歐洲第三大商港安特衛普。

蘇聯對保加利亞表示兩國間已有戰爭存在，保立即表示請求停戰。

9 月 6 日

國內

羅斯福私人代表赫爾利少將、生產局長納爾遜抵渝。

國際

法軍、盟軍南北兩路會師，第三軍迫近麥次。

9 月 7 日

國內

湘桂路與敵在冷水灘血戰，路南敵侵入零陵城。

國際

敵八十五屆臨時議會開幕。

小磯宣布六項政策，重心在防衛本土。

盟軍法境克復色當，比境直趨列日。

9 月 8 日

國內

超級堡壘轟炸鞍山。

140 閻錫山故居所藏第二戰區史料 **第二戰區抗戰大事記**（1943-1945）
Historical Documents of the Second Theater in the Yan Hsi-shan's Residence
The Daily Records of the Second Theater in the Second Sino-Japanese War, 1943-1945

湘桂線東安城內外與敵血戰。

國際

蘇聯對保宣戰。

蘇軍開入保境，保國對德宣戰。

美第一軍佔領列日。

美海空軍首次襲菲島。

9月9日

國內

寶慶以東血戰，敵向七路向西猛撲。浙敵侵入永嘉。

國際

保內政轉變，逮捕前任閣員、議員。

9月10日

國內

赫爾利、納爾遜研究我有關之軍事經濟材料。

國際

邱吉爾抵魁必克。

盟軍沿六十哩之前線在亞琛西南發動攻勢。

9月11日

國際

羅斯福抵魁必克，與邱相開會。

法臨時政府改組，戴高樂任主席。

法軍克復第戎。

9 月 12 日

國內

寶慶以東邵水東岸展開爭奪戰。

綏境我軍克復中公旗。

國際

美第一軍進入德境六英里，哈佛德軍亦投降。

盟機五千餘架轟炸齊格菲防線。

9 月 13 日

國內

參政會十一次會討論政府明年度國家施政方針。

全州城郊發生戰鬥。茶陵敵侵至道縣，東安敵侵至資源。

國際

蘇、羅簽訂停戰協定，羅國以比薩拉比亞還蘇，並賠付三萬萬美元，一切軍事資源工具及軍隊由蘇軍調用。

9 月 14 日

國內

我軍克復騰衝，敵五十六師團之一四八聯隊三千人，除生俘六十餘人外，全數被殲。

全州被敵侵入。

國際

蘇軍兵不血刃佔領保京索非亞，並派軍南下佔據色雷斯，控制愛琴海岸。

142 | 閻錫山故居所藏第二戰區史料 **第二戰區抗戰大事記**（1943-1945）
Historical Documents of the Second Theater in the Yan Hsi-shan's Residence
The Daily Records of the Second Theater in the Second Sino-Japanese War, 1943-1945

9月15日

國內

中共代表林祖涵、政府代表張治中報告中共問題商談經過，參政會通過組織延安視察團。

國際

美軍雙鉗並進，登陸帛琉璃及摩羅泰島。

9月16日

國內

蔣主席出席參政會，宣示提早結束訓政，及政治解決中共問題。

國際

羅、邱會議結束，保證全力擊日。

布列塔尼半島盟軍佔領布萊斯特。亞琛以西美軍進入齊格菲防線。

9月17日

國內

參政會議決請政府建立統一的現代國防軍，及改善士兵生活案。

全州敵犯白沙，道縣敵侵灌陽。

國際

蘇軍佔領愛沙尼亞首都塔林。

英傘兵第一師降於安亨附近。

9 月 18 日

國內

參政會閉幕。

國際

法北加軍攻入布倫。

9 月 19 日

國內

湘桂路兩側我攻入道縣、資源。白沙敵則向界首進犯。西江肇慶敵則向西犯。

國際

蘇芬停戰協定簽字,芬蘭割讓一九四〇年所定之土地,並租讓波卡拉半島,六年之內以三萬萬美元之賠款付與蘇聯。

9 月 20 日

國內

九十三軍軍長陳牧農擅棄全州,在前線槍決。

國際

美航艦飛機大舉空襲馬尼剌區。

9 月 21 日

國內

梧州被敵侵佔。

國際

荷境德軍開始反攻。

144 閻錫山故居所藏第二戰區史料 **第二戰區抗戰大事記**（1943-1945）
Historical Documents of the Second Theater in the Yan Hsi-shan's Residence
The Daily Records of the Second Theater in the Second Sino-Japanese War, 1943-1945

9月22日

國內

粵、桂邊境敵人侵入容縣。

國際

芬蘭宣佈對日絕交。

9月23日

梧州敵向西北進犯。

國際

菲律賓偽政府對英、美宣戰。

9月24日

國內

道縣城被敵攻陷。雲浮敵侵至羅定。

國際

蘇軍全部佔領愛沙尼亞。

9月25日

國內

我政府決定設立兵役部。

國際

中國飛機製造廠在舊金山正式成立。

9月26日

國內

寶慶城郊發生激戰。

國際

柏林傳安亨區英空運部隊已告肅清。

9 月 27 日

國內

寶慶西南敵渡過資水。

國際

華沙城內地軍與德軍作戰，七週後，以食狗肉為生。

9 月 28 日

國內

寶慶發生局部巷戰。

國際

戰後和平機構，中、英、美會議開始。

蘇軍由波蘭進入捷境與游擊軍會合。

9 月 29 日

國內

粵、桂邊境敵侵至丹竹、平南。

國際

研討戰後和平機構之中、英、美會議開始。

9 月 30 日

國內

侵入寶慶敵向中山公園、文廟等處進攻。

146 | 閻錫山故居所藏第二戰區史料 **第二戰區抗戰大事記**（1943-1945）
Historical Documents of the Second Theater in the Yan Hsi-shan's Residence
The Daily Records of the Second Theater in the Second Sino-Japanese War, 1943-1945

國際

加萊德軍投降加軍。

10 月 1 日

國內

　　圍守達一月之常寧陷入敵手。

國際

　　蘇軍分三路向南京伯爾格來德進攻，並自羅國向匈牙利進攻。

10 月 2 日

國內

　　湘桂路敵由興安西犯，侵至大溶江。

10 月 3 日

國內

　　寶慶我軍經五日巷戰後與外通訊中斷。

國際

　　華沙波軍血戰六十三日後退出華沙，波民族解放委員會新聞社稱波國民軍現集於維斯杜拉河東岸，渠等願以華沙之壯士交付德軍，而不令渠等參加蘇軍工作。

10 月 4 日

　　羅定敵侵至藤縣。

　　閩江口登陸敵侵佔福州。

10 月 5 日

國內

　　閩江南岸登陸敵侵入長樂。

148 | 閻錫山故居所藏第二戰區史料 **第二戰區抗戰大事記**（1943-1945）
Historical Documents of the Second Theater in the Yan Hsi-shan's Residence
The Daily Records of the Second Theater in the Second Sino-Japanese War, 1943-1945

國際

希臘德軍開始後撤，盟軍登陸南部。

10月6日

國內

美軍臨時中國空運大隊成立。

國際

南國首都展開白刃戰。

10月7日

國際

蘇軍為支援匈境戰爭，越過喀爾巴阡山向捷克進攻。

中、美、英頓巴敦橡樹會議結束。

10月8日

國際

美國偉人威爾基逝世。

10月9日

國內

美軍出襲黃河河曲至丹竹之日方機場。

國際

邱吉爾、艾登到莫斯科與史達林會商。

美航艦飛機空襲琉球群島。

10 月 10 日

國內

　　滇西我軍向芒市進擊。

國際

　　西線美軍包圍亞琛城。

10 月 11 日

國內

　　粵、桂邊境敵由平南進犯桂平。

國際

　　匈牙利境內蘇軍佔領土額特。

　　美國航艦襲擊台灣。

10 月 12 日

國內

　　桂平陷敵，守軍全體殉國。

國際

　　波流亡政府總理米洛拉茲柯與波民族解放會領袖奧
索布卡皆抵蘇京商波蘭問題。

10 月 13 日

國際

　　波羅得海蘇軍佔領里加，並突破東普魯士德防線，
從米美爾河東南突入德境。

　　美第一軍突入亞琛城內。

150 | 閻錫山故居所藏第二戰區史料 **第二戰區抗戰大事記**（1943-1945）
Historical Documents of the Second Theater in the Yan Hsi-shan's Residence
The Daily Records of the Second Theater in the Second Sino-Japanese War, 1943-1945

10月14日

國內

為發動十萬知識青年從軍，成立從軍指導委員會。

國際

盟機四千架轟炸亞琛。

10月15日

國內

大溶江北面敵侵入我陣地，資源敵亦南下。

國際

美第三艦隊空軍連日飛襲菲律賓。

英東方艦隊向尼科巴群島砲擊。

10月16日

國際

德將匈牙利攝政霍爾第拘留，另成立新政權。

10月17日

國內

大溶江鎮被我軍奪回。

國際

蘇軍七十五萬自波蘭、立陶宛向東普魯士進攻。

法國廣播希臘境內德軍完全撤退。

10 月 18 日

國內

興安敵向西南進犯高田圩。

10 月 19 日

國際

麥克阿瑟親率第六軍在菲島中部雷伊泰島登陸。

蘇軍佔領南京伯爾格來德。

10 月 20 日

國內

十四航空隊痛炸西江之敵。

國際

蘇軍佔領匈境東北部交通中心得布勒森。

第一軍佔領亞琛。

10 月 21 日

國內

史迪威上將離印返美。

國際

雷島美軍佔領首府答柯羅板之兩處機場。

羅斯福發表競選演說，謂美國對國際責任不能畏縮，須在停戰前成立國際機構。

152 | 閻錫山故居所藏第二戰區史料 **第二戰區抗戰大事記**（1943-1945）
Historical Documents of the Second Theater in the Yan Hsi-shan's Residence
The Daily Records of the Second Theater in the Second Sino-Japanese War, 1943-1945

10月22日

國內

祁陽南犯敵侵至寧遠城，我軍阻擊血戰。

10月23日

國內

國防委員會決議特任鹿鍾麟為兵役部長。

國際

蘇軍深入東普魯士三十公里，佔領哥達普。

中、美、英、蘇承認法國臨時政府。

10月24日

國內

蔣委員長發表告知識青年書後，二十四校校長及各報館通電擁護。

國際

敵神風突襲決死隊空軍猛襲呂宋北之美第三艦隊，美航艦普林斯敦號被擊沉。

同日敵三支艦隊分自台灣以南、西布顏海、蘇祿海向美艦隊駛進。

10月25日

國內

康青公路全部完成。

國際

敵海軍衝散薩馬島東美第七艦隊，並進入雷伊泰灣，

第三艦隊擊退敵北支艦隊後南下馳援，敵因之敗退。

卡累利阿蘇軍攻入挪威北部。

10 月 26 日

國內

敵機分三批空襲成都我巨機機場。

國際

越過喀爾巴阡山進入捷克之蘇軍攻入模卡塞窩。

10 月 27 日

國內

桂北敵由興安以西迄灌陽西南分數路向桂林外圍進犯，潯江敵亦竄抵金田。

國際

捷境蘇軍佔領烏蒙羅德。

10 月 28 日

國內

桂林外圍敵侵至靈川，永明敵侵至富川，美空軍十八機助戰前線。

國際

保蘇停戰協定簽字，承認蘇軍在境內有自由移動及指揮部隊、利用資源之權。

154 | 閻錫山故居所藏第二戰區史料 **第二戰區抗戰大事記**（1943-1945）
Historical Documents of the Second Theater in the Yan Hsi-shan's Residence
The Daily Records of the Second Theater in the Second Sino-Japanese War, 1943-1945

10月29日

國內

　　桂北敵侵入鍾山縣，桂林東郊陣地七星岩被敵攻陷，第一三一師長闞維雍殉難。

國際

　　美軍於昨日完成薩馬島佔領工作。

　　德軍退出薩羅尼加，希境全部解放。

10月30日

　　桂林外圍敵分三路西犯，強渡桂江，衝至北車站。

國際

　　雷島美軍向西疾進佔領雅落。

　　捷克蘇軍佔領卡斯普。

10月31日

國內

　　魏德邁亞抵渝，就中國戰區參謀長職。

國際

　　希臘游擊隊佔領薩羅尼加。

　　荷蘭西部美軍攻抵賣士河。

11 月 1 日

國內

桂北敵侵入平樂。

國際

英軍登陸瓦爾赤倫島。

國際民航會議在芝加哥開幕，我國由張公權代表
出席。

11 月 2 日

國內

平南、桂平敵合犯貴縣。

國際

英軍攻入荷蘭第三大港佛拉新。

11 月 3 日

國內

滇西我軍攻克龍陵城。

國際

雷島美軍攻入卡利加拉。

西線盟軍佔領塞布魯治，比利時全部解放。

美機襲德，毀德二百零八架，美國亦損失轟炸機四
十一架、戰鬥機二十八架。

11 月 4 日

【無記載】

156 | 閻錫山故居所藏第二戰區史料 **第二戰區抗戰大事記**（1943-1945）
Historical Documents of the Second Theater in the Yan Hsi-shan's Residence
The Daily Records of the Second Theater in the Second Sino-Japanese War, 1943-1945

11月5日

國內

桂北敵陷永福，並向西南進犯理定。

國際

蘇軍攻佔新佩斯，匈京布達佩斯展開爭奪戰。

英傘兵降落荷境安亨後方。

11月6日

國內

理定敵沿湘桂路南犯。

桂東武宣城被敵攻陷，平南敵侵至象縣柳江東岸。

國際

緬北我軍渡過伊洛瓦底江佔領瑞古。

德軍奪回哥達普。

11月7日

國內

象縣敵渡過柳江，陷中渡敵向柳州進犯。

林祖涵陪赫爾利赴延安商談中共問題。

11月8日

國內

桂林我軍與敵血戰城郊。

國際

羅斯福四度當選為美國大總統。

美第三軍強渡摩塞爾河，向薩爾區進攻。

11 月 9 日

國內

　　陷雒容城敵向柳州進犯。

　　敵軍侵入桂林城內，我軍向新陣地轉進，城防參謀長陳濟桓死節。

國際

　　美空中堡壘一千三百架出襲麥次區戰術目標。

11 月 10 日

國內

　　赫爾利偕周恩來返渝，與中央商中共問題。

　　汪逆精衛病死於日本名古屋。

國際

　　邱吉爾偕艾登抵巴黎訪問戴高樂。

11 月 11 日

國內

　　超級空中堡壘轟炸九州、南京、上海等地。

　　敵人侵入柳州，陷柳城敵並向宜山進犯。

11 月 12 日

國內

　　沿黔桂路進犯敵抵三岔附近。

　　南京偽組織由陳逆公博繼汪登場。

國際

　　德軍自麥次開始撤退。

158 | 閻錫山故居所藏第二戰區史料 **第二戰區抗戰大事記**（1943-1945）
Historical Documents of the Second Theater in the Yan Hsi-shan's Residence
The Daily Records of the Second Theater in the Second Sino-Japanese War, 1943-1945

英巨型航艦「深仇」號上蘭開夏氏轟炸機卅二架飛挪威北部德琅索海，以一萬二千磅之地震式炸彈將德四萬五千噸主力艦特里比茲號炸沉。

11 月 13 日

國內

桂林敵經義寧北犯龍勝。

國際

美航艦飛機四百架襲呂宋島克拉克機場。

蘇軍三路圍攻匈京布達佩斯。

11 月 14 日

國內

三岔敵強渡龍江西犯。

我政府宣佈承認敘利亞、黎巴嫩兩國。

國際

緬北我軍對八莫展開爭奪戰。

11 月 15 日

國內

第十四航空隊夜襲香港、九龍。

敵陷宜山，續向懷遠西犯。

國際

美大西洋艦隊司令殷格索爾中將任太平洋西部海疆總司令，遺缺由第四艦隊司令英格蘭接任。

11 月 16 日
國內

中國戰時生產局成立，由翁文灝任局長，美生產局長納爾遜任顧問協助。

兵役部正式成立，由鹿鍾麟任部長，秦德純、徐思平任次長。

國際

西線英、美向德境展開冬季攻勢。

我第三十八師攻佔八莫南敵機場。

11 月 17 日
國內

桂北敵侵入龍勝。

納爾遜謁主席，商我國戰時生產今後應採的措施。

國際

美國惠勒中將任東南亞盟軍副總司令。

11 月 18 日
國內

魏德邁亞告記者，敵將其海洋戰略，變為大陸決戰戰略。

國際

芬蘭總理巴錫基維組織蘇聯同意之新政府。

英第十一集團軍總司令李西兼充東南亞陸軍總司令。

160 閻錫山故居所藏第二戰區史料 **第二戰區抗戰大事記**（1943-1945）
Historical Documents of the Second Theater in the Yan Hsi-shan's Residence
The Daily Records of the Second Theater in the Second Sino-Japanese War, 1943-1945

11月19日

國內

索爾登宣佈，自加爾各答至中國之油管，正在敷設中。

我空軍四大隊襲擊荊門敵機場。

滇西我軍攻克芒市。

國際

美軍在新幾內亞蘇朗北之亞細亞島登陸。

西線美第三軍佔領麥次。

美航艦飛機出襲馬尼剌，毀敵機一百八十架。

11月20日

國內

中央決議宋子文任國府委員，陳誠任軍政部長，俞鴻鈞任財政部長，朱家驊任教育部長，張厲生任內政部長，王世杰調宣傳部長，陳立夫調組織部長。

國際

法、瑞邊境盟軍進入聖路易斯，盟軍三大軍向科隆節節推進。

11月21日

國內

國府任錢泰為駐法大使，徐謨為駐土大使。

協助訓練我軍之美軍各項組織，改編為訓練及作戰司令部。

國際

超級堡壘轟炸日本之長崎大村，毀傷敵機五十五架。

西線盟機二千架飛襲漢堡等地煉油區。

11 月 22 日

國際

美第三、第七兩軍在法、瑞邊界之斯特拉斯堡區會師，德第十九軍向上萊茵河撤退。

11 月 23 日

國內

美機大舉轟炸武漢區。

滇西我軍攻克畢家塞。

國際

雷島美軍第卅二師攻入里蒙，南向進攻山下防線。

美第七軍攻克亞爾薩斯省會斯特拉斯堡。

11 月 24 日

國內

滇西我軍克復猛戛。

國際

塞班島美第二十一轟炸機隊派超級堡壘百架轟炸東京。

太平洋區美陸軍航空隊司令哈蒙兼任第廿航空隊副司令。

162 | 閻錫山故居所藏第二戰區史料 **第二戰區抗戰大事記**（1943-1945）
Historical Documents of the Second Theater in the Yan Hsi-shan's Residence
The Daily Records of the Second Theater in the Second Sino-Japanese War, 1943-1945

11月25日

國內

納爾遜受聘為我政府高等經濟顧問，孔萊受聘為生產局顧問。

國際

雷島美機擊沉第四次增援之敵。

11月26日

國內

中國戰區美軍司令部參謀長由麥克魯繼任。

國際

義首相波諾米因左翼政黨之不滿，提出辭呈。

11月27日

國內

黔桂路敵擾河池與大山塘。

國際

超級堡壘襲東京與曼谷。

羅總統准國務卿赫爾辭職，並任命赫爾利為駐華大使，斯退丁紐斯為國務卿。

美第三軍佔領聖阿佛爾德。

11月28日

國內

滇西我軍進至芒市大河與敵隔河對戰。

11 月 29 日
國內

聯合國戰罪審查會遠東分會在渝成立，王寵惠當選主席。

國際

雷島美軍擊碎敵的六次增援。

11 月 30 日
國內

敵軍向黔南進犯，侵入六塞附近。

國際

敵首相小磯因美機二十九、三十兩日之轟炸，籲請人民竭力合作滅火。

戴高樂抵蘇京。

164　閻錫山故居所藏第二戰區史料 **第二戰區抗戰大事記**（1943-1945）
Historical Documents of the Second Theater in the Yan Hsi-shan's Residence
The Daily Records of the Second Theater in the Second Sino-Japanese War, 1943-1945

12月1日

國內

滇西我軍克復遮放。

空運大隊自西北運送大軍赴西南。

國際

斯密斯任美陸戰隊太平洋區司令。

美海陸軍飛機對琉璜島開始毀滅性的轟炸。

12月2日

國內

桂敵自六塞繞犯黑石關，美空軍出襲獨山以南敵軍。

周恩來攜同意後之解決中共條件返延安。

國際

西線第三軍攻入薩爾區之薩爾蘭亭。

12月3日

國內

我空軍第十一大隊在黔南下司、六塞間掃射敵人。

中國空運大隊正式成立。

國際

西線第九軍佔領洛安河要塞米里克。

12月4日

國內

宋子文代理行政院長。

黔南我軍克復八寨。

國際

　　雅典左翼政黨紛起暴動，與英軍及希軍發生暴動。

　　前美國駐日大使格魯任副國務卿。

12 月 5 日

國內

　　黔南敵侵入獨山。

國際

　　薩爾區第三軍佔領薩爾蘭亭，開始進攻薩爾河背後之齊格菲外圍防線。

　　邱相聲明將協助希軍反抗紅色之解放陣線。

12 月 6 日

國內

　　克復八寨之我軍南下續克三合城。

國際

　　英機俯衝轟炸希解放軍。

12 月 7 日

國內

　　三合以南我軍續克石板寨。

　　超級堡壘七十架轟炸瀋陽、大連兩地。

國際

　　美軍第七十七師在奧馬克以南三哩處登陸。

166 | 閻錫山故居所藏第二戰區史料 **第二戰區抗戰大事記**（1943-1945）
Historical Documents of the Second Theater in the Yan Hsi-shan's Residence
The Daily Records of the Second Theater in the Second Sino-Japanese War, 1943-1945

12月8日

國內

黔南我軍克復獨山、上司。

國際

塞班島之美機猛襲火山列島，混合艦隊亦砲擊該島。

12月9日

國內

黔南荔浦附近敵已被肅清。

美機出襲平漢、津浦、同蒲等線。

國際

德、美兩軍在薩爾工業鎮德林根激戰。

義波洛米新閣組成，共黨四人入閣。

12月10日

國內

桂北我軍兩度攻克六寨。

國際

英國太平洋艦隊開澳洲，總司令由福拉塞調充，舊東方艦隊改為東印度艦隊。

雷島美軍攻入奧馬克。

法、蘇在莫斯科簽訂廿年同盟互助協定。要點為不單獨與德媾和，二、互相援以對抗德國的任何侵略，不締結針對對方的任何同盟，戰後的經濟互助。

12 月 11 日

國內

六寨以南我軍續克芒場。

國際

美第七師與七十七師在奧馬克東南會師。

12 月 12 日

國內

桂北我軍克復南丹，殘敵向河池退去。

國際

美機在雷島海西擊創敵第九次的增援。

亞歷山大繼任地中海盟軍總司令。

英境美機三千四架，義境美機二千二百架轟炸德境。

12 月 13 日

國內

桂北我軍攻克車河。

緬北我五十師攻克容沙，二十二師進入新康河谷。

國際

美超級堡壘一百廿架轟炸東京及名古屋。

12 月 14 日

國內

我軍攻克河池西北之大塘鎮。

國際

希臘之內戰擴及全國。

168　閻錫山故居所藏第二戰區史料 **第二戰區抗戰大事記**（1943-1945）
Historical Documents of the Second Theater in the Yan Hsi-shan's Residence
The Daily Records of the Second Theater in the Second Sino-Japanese War, 1943-1945

12月15日

國內

　　廣西我軍攻抵河池近郊。

國際

　　美航艦飛機轟炸呂宋機場，毀敵機九十餘架。

　　緬北我第卅八師克復八莫。

　　美軍自蘇祿海登陸明多羅島南部。

12月16日

國內

　　桂北我軍佔領金城江西南之五圩。

國際

　　登陸明多羅島之美軍佔領聖荷賽及兩處機場。

　　德軍自蒙朔及特里爾五十五英里之前線向盟軍作首
次之反攻。

12月17日

國內

　　中美混合機轟炸黃河鐵橋。

12月18日

國內

　　超級堡壘及 B 二四式轟炸機二百架飛襲漢口敵倉庫。

　　我政府設立救濟善後督辦公署，蔣廷黻任督辦，許
士英任賑濟會委員長。

國際

　　超級堡壘七十架續炸名古屋。

12 月 19 日
國內

　　美機轟炸香港。

國際

　　福拉塞、尼米茲會商對日戰略。

　　德軍三路反攻，深入比境廿餘里。

12 月 20 日
國內

　　第四、第十一兩大隊轟炸桂北前線之宜山等地。

國際

　　我卅師攻佔八莫至南坎之據點三處。

　　德軍進至馬爾美第並進犯聖維斯。

12 月 21 日
國內

　　戰時運輸管理局由俞飛鵬、龔學遂任正副局長。

　　超級堡壘六十架轟炸瀋陽之鞍山。

國際

　　美第一軍前線已較穩定。德軍切斷列日至巴斯吞之公路。

170　閻錫山故居所藏第二戰區史料 **第二戰區抗戰大事記**（1943-1945）
Historical Documents of the Second Theater in the Yan Hsi-shan's Residence
The Daily Records of the Second Theater in the Second Sino-Japanese War, 1943-1945

12月22日

國內

美機轟炸中越邊境之憑祥、龍州、南寧等地。

國際

超級堡壘百架炸大阪、名古屋。

12月23日

國內

桂北我軍擊退由龍勝進犯之敵。

國際

德軍突破美軍之缺口已達七十五哩，南部進至距色當廿九哩之處，巴斯吞戰況激烈，第三軍之側襲及美機一千二百架之助戰，德攻勢已受阻。

12月24日

國內

北部基地盟機襲濟南敵機場，毀敵機三十八架。

國際

敵第八十六屆議會開幕，討論小磯提出之強化戰志、強化生產。

超級堡壘二次轟炸硫磺島，海軍則襲小笠原群島。

尼米茲元帥抵關島新總部。

蘇軍佔領區成立匈臨時政府。

12 月 25 日
國內

美野馬式機襲擊南京區。

為配合盟軍反攻，中國陸軍總司令部在昆明成立，由何應欽任總司令。

國際

邱相抵雅典，謀希內戰之政治解決，險遭解放軍暗算炸斃。

美第七十七師攻佔帕隆本，雷島戰爭結束。

12 月 26 日
國內

渝市從軍青年三千人分批入營受訓。

美機再襲濟南，毀敵機二十九架。

國際

敵天皇在議會宣告戰局已入嚴重階段。

美海空軍二次襲擊硫磺島。

比境德軍進至距繆司河四哩之處。

12 月 27 日
國內

麥克魯兼任中國戰區副參謀長。

國際

超級堡壘再炸東京工業區。

蘇軍攻入匈京與德國展開逐戶戰。

閻錫山故居所藏第二戰區史料 **第二戰區抗戰大事記**（1943-1945）
Historical Documents of the Second Theater in the Yan Hsi-shan's Residence
The Daily Records of the Second Theater in the Second Sino-Japanese War, 1943-1945

12月28日

國內

美機出襲井陘、黑石關等地破壞鐵道石橋。

國際

希局糾紛已談判得一結果，即設立攝政。

滇緬路我軍收復彭坎、壘允。

12月29日

國際

敵海軍戰略家末次信正逝世。

第三軍與巴斯吞被圍美軍會合，德軍自西南及西面
撤退。

12月30日

國內

全國知識青年從軍總數登記者已共有十二萬二千五
百七十二人。

國府任命何思源主魯。

國際

希王任命達馬斯基諾斯為攝政。

匈臨時政府在蘇佔領區得布勒森成立對德宣戰要求
議和。

12月31日

國內

美機在江蘇宿縣擊毀敵機二十五架。

國際

　　盧布林波蘭民族解放委員會改為波蘭臨時政府，摩洛夫斯基任總理。

　　波蘭政府聲明對他人在其本土所施極權主義之體制決不承認。

民國 34 年（1945）

1月1日
國內
戰時運輸管理局成立，美將麥克魯兼副局長。

桂北我克復河池西北之思恩。
國際
德軍在薩爾前線發動新攻勢，並派機襲法、比、荷，結果被擊落二百五十架。

1月2日
國內
國府任命王懋功主江蘇省政。
國際
超級堡壘再襲名古屋及大阪。

1月3日
國內
滇西我軍克復畹町、九谷。
國際
土耳其國會通過對日絕交案。

蘇軍渡過多瑙河攻入佩斯。

印軍二五師登陸阿恰布。

176 閻錫山故居所藏第二戰區史料 **第二戰區抗戰大事記**（1943-1945）
Historical Documents of the Second Theater in the Yan Hsi-shan's Residence
The Daily Records of the Second Theater in the Second Sino-Japanese War, 1943-1945

1月4日

國內

美機三襲濟南，毀創敵機二十四架。

國際

美航艦飛機連續轟炸台灣、琉球。

1月5日

國內

我軍收復粵南之廉江、欽縣、合浦等地。

國際

蘇聯承認盧布林政府並互派大使。

太平洋學會在美佛吉尼亞州開幕。

1月6日

國內

超級堡壘襲擊南京。

國際

美護航隊駛入呂宋西海面，日空軍不斷襲擊，英將
藍姆斯丹被炸死。

1月7日

國內

敵增援侵入畹町，進至迴龍山。

1 月 8 日
國內

中常會決議五月五日召開六次全國代表大會，討論召開國民大會問題。

美大使赫爾利呈遞國書。

國際

美運輸艦一百伍十艘進入仁牙因灣，與登陸艇八十艘會合。

1 月 9 日
國內

後方勤服部改組為後勤司令部。

國際

美第六軍在距離馬尼剌壹百二十英哩之聖伐比安登陸。

1 月 10 日
國內

第一軍向國境推進佔領前美志願隊所在之壘允大機場。

國際

德軍自比境阿登區撤退。

呂宋美軍佔領仁牙因機場及城鎮四處。

178 閻錫山故居所藏第二戰區史料 **第二戰區抗戰大事記**（1943-1945）
Historical Documents of the Second Theater in the Yan Hsi-shan's Residence
The Daily Records of the Second Theater in the Second Sino-Japanese War, 1943-1945

1月11日

國際

　　巴斯吞以西德軍亦撤退。

1月12日

國際

　　希臘民族解放軍與英軍簽訂停戰協定。

　　美航艦飛襲金蘭灣及西貢。

1月13日

國內

　　桂境我克復恭城、富川。

國際

　　挪威海面英艦創德護航隊。

1月14日

國內

　　美機廣泛出襲廣州、香港、廈門等地。

　　粵東增城敵分路進犯惠陽、博羅。

國際

　　蘇軍對德發動冬季攻勢。

1月15日

國內

　　滇緬邊界國軍會師。

　　第三艦隊飛機首次襲擊華南各地。

國際

第一烏克蘭戰線佔領基爾斯。

緬北我五十師克復南坎。

1 月 16 日

國內

楊森任貴州主席，吳鼎昌調文官長。

惠陽淪陷敵手。

國際

阿登區美軍佔領荷法利斯。

1 月 17 日

國內

中印公路密支那至保山段通車。

湘、贛邊境敵侵入蓮花。

國際

俄羅斯第一戰線部隊佔領波蘭首都華沙。

1 月 18 日

二戰區

美機襲擊大同敵機場。

國內

滇西我軍掃蕩瑞麗河谷。

國際

蘇軍佔領波蘭第二大城羅茲。

德宣布自波蘭撤退。

180 | 閻錫山故居所藏第二戰區史料 **第二戰區抗戰大事記**（1943-1945）
Historical Documents of the Second Theater in the Yan Hsi-shan's Residence
The Daily Records of the Second Theater in the Second Sino-Japanese War, 1943-1945

1月19日
國內
敵發動粵漢南段戰爭，自耒陽南犯。
國際
德宣佈自斯洛伐克撤退。

敵大政翼贊會解，從組團結一致之新政黨。

1月20日
國內
滇西我軍再克畹町，美機轟炸龍州。
國際
羅斯福就任第四屆總統。

蘇軍佔領英斯特堡及坦能堡。

1月21日
國內
粵敵一〇六師團侵入清遠，浙敵侵入瑞安。
國際
匈臨時政府在蘇簽訂停戰協定，承認賠款七萬五千萬鎊，並將達琅西里瓦尼亞還羅國。

1月22日
國內
滇、緬國軍會師苗斯，中印公路已重開。

李梅調廿一轟炸隊司令，廿轟炸隊由拉梅繼任。

1 月 23 日

國內

　　俞飛鵬長交通部。

國際

　　蘇軍佔領波蘭西部之布朗堡。

1 月 24 日

國內

　　我守衛曲江郊區蓮花山部隊仲元中學師生四十餘人在與敵血戰中全數犧牲。

　　周恩來再度返渝商合作問題。

國際

　　呂宋美軍佔領鮑本。

　　據紐約時報訊美方以備忘錄送英，謂美人已開始懷疑此次是否係為民主主義之利益而戰。

1 月 25 日

國內

　　美機襲北平敵機場，毀敵機四十架。

國際

　　呂宋美軍佔領克拉克機場，並轟炸柯里幾多爾要塞。

　　史迪威任美陸軍地面部隊司令。

1 月 26 日

國內

　　麥克魯調昆明任作戰司令。

182 | 閻錫山故居所藏第二戰區史料 **第二戰區抗戰大事記**（1943-1945）
Historical Documents of the Second Theater in the Yan Hsi-shan's Residence
The Daily Records of the Second Theater in the Second Sino-Japanese War, 1943-1945

曲江展開巷戰。

國際

蘇軍砲轟布累斯勞，並佔領興登堡。

1月27日

國內

滇西、緬北國軍主力會師芒友。

國際

美機首次在東京市內投燒夷彈。

1月28日

國內

蔣委員長向美廣播，中印公路命名為史迪威公路。

中印公路開始運輸，第一批車抵畹町，宋子文、索爾登、戴維遜、衛立煌、孫立人等人在該地舉行歡迎會。

曲江被敵一〇六師團侵佔。

國際

蘇軍佔領默麥，立陶宛境內無德軍。

艾森豪威爾對德齊格菲防區再度展開攻勢。

1月29日

國內

遂川戰事移於郊區進行，我自動將機場破壞。

國際

美第八軍在蘇比克灣西北登陸，將巴丹半島封鎖。

1 月 30 日

國內

　　曲江敵向始興進犯，遂川陷入敵手。

國際

　　蘇軍朱可夫部進入德境波米拉尼亞省。

1 月 31 日

國內

　　始興陷落，敵向南雄進犯。

國際

　　捷克續蘇聯承認盧布林之波政府。

　　美超級空中堡壘九十架炸新加坡，將長八百五十五呎之乾船塢炸燬。

184 | 閻錫山故居所藏第二戰區史料 **第二戰區抗戰大事記**（1943-1945）
Historical Documents of the Second Theater in the Yan Hsi-shan's Residence
The Daily Records of the Second Theater in the Second Sino-Japanese War, 1943-1945

2月1日

國際

呂宋美軍在八打雁登陸，進至距卡維特八哩處。

2月2日

國內

我軍在郴州、宜章間克復良田。

國際

柏林東北庫斯特林展開巷戰。

美總統偕參謀首長、國務卿，抵馬爾他島與邱相會談。

2月3日

國內

贛州以北血戰，南雄陷入敵手。

國際

蘇向英要求借款七七萬五千萬磅。

羅、邱抵克里米亞之亞爾達。

2月4日

國內

血汗打通之中印公路首批卡車抵昆明。

國際

美第一騎兵師攻入菲律賓首都馬尼剌城內。

2 月 5 日

國內

　　贛州西部敵強渡贛江。

　　中國空運大隊在昆明成立。

國際

　　戴高樂聲明未曾參加之協商不受束縛，促盟國重視
法國力量。

2 月 6 日

國內

　　贛州城陷入敵手。

2 月 7 日

國內

　　陳部長宣稱當前任務在補充兵員、改進生活。

2 月 8 日

國際

　　蘇、德兩軍在柏林東面奧得河東展開大戰。

2 月 9 日

國內

　　龍雲就任陸軍副總司令。

國際

　　英、加軍向魯爾進攻。

186 | 閻錫山故居所藏第二戰區史料 **第二戰區抗戰大事記**（1943-1945）
Historical Documents of the Second Theater in the Yan Hsi-shan's Residence
The Daily Records of the Second Theater in the Second Sino-Japanese War, 1943-1945

2月10日

國內

國府令任李宗仁為漢中行營主任，王纘緒為重慶衛戍司令。

國際

蘇軍攻入但澤東之埃爾平港。

2月11日

國內

東西亞增強聯繫，中伊使館升格。

國際

蘇軍佔領布累斯勞西北之利格尼茲，將通柏林及德累斯頓之鐵道線切斷。

羅斯福請戴高樂赴北非會面，協商法國參加舊金山會議與軍事佔領德國諸問題。

2月12日

國內

美機轟炸南京。

昆明後勤司令部成立，由美齊夫斯任司令。

國際

羅、邱、史發表聯合聲明：

一、管制德境佔領區，組織中央管制委員會。

二、四月廿五日在舊金山招開聯合國會議。

三、波蘭建立全國統一的民主政府。

四、三國外長三月舉行外長會議一次。

2 月 13 日

國內

　　永新以南反撲敵被擊退。

國際

　　蘇軍佔領匈京布達佩斯。

2 月 14 日

國內

　　湘、粵邊界宜章、坪石間激戰。

國際

　　邱吉爾抵希京雅典。

　　戴高樂拒絕羅氏邀約，謂有損法國尊嚴。

2 月 15 日

國內

　　周恩來在新華日報發表談判無成之消後返歸延安。

2 月 16 日

國際

　　美航艦飛機一千二百架襲擊東京區。

　　法對英、美、蘇提出照會，請解釋將來法國在對德
之地位。

2 月 17 日

國際

　　呂宋巴丹半島肅清。

188 | 閻錫山故居所藏第二戰區史料 **第二戰區抗戰大事記**（1943-1945）
Historical Documents of the Second Theater in the Yan Hsi-shan's Residence
The Daily Records of the Second Theater in the Second Sino-Japanese War, 1943-1945

美軍降落柯里幾多爾要塞。

2月18日
【無記載】

2月19日
國際

美海軍陸戰隊第四、第五兩師登陸硫磺島。

2月20日
國內

犯遂川西南敵被我擊退。

國際

緬北我軍肅清新維敵。

2月21日
國內

我軍將由寶慶西犯敵擊潰。

國際

美機轟炸德國努連堡，投彈三千噸。

2月22日
國內

桂南我軍克復蒙山。

國際

美海軍陸戰隊第三師增援硫磺島。

盟機九千架襲德。

2 月 23 日

國內

我軍攻入蓮花城。

國際

美第一軍、第九軍對都倫發動攻勢。

土耳其國會通過自三月一日與德、日宣戰。

2 月 24 日

國際

美第九軍佔領科倫的前衛都倫。

2 月 25 日

國內

美機轟炸桂境龍江下流。

國際

美航艦飛機一千六百架及空中堡壘二百架襲東京
區，投彈二千噸。

2 月 26 日

國內

湘東我軍克復平江城。

國際

美機一千二百架轟炸柏林。

麥克阿瑟將行政權交與菲政府。

190 | 閻錫山故居所藏第二戰區史料 **第二戰區抗戰大事記**（1943-1945）
Historical Documents of the Second Theater in the Yan Hsi-shan's Residence
The Daily Records of the Second Theater in the Second Sino-Japanese War, 1943-1945

2月27日

國內

政府為充實部隊力量，改善官兵生活，其辦法分三原則：

（一）增加官兵薪餉。

（二）改訂供應制度。

（三）分期實施。

國際

英保守黨議員對亞爾達會中處置波蘭之方案表示不滿。

2月28日

國內

我軍克復龍勝，敵向義寧退卻。

國際

羅斯福總統返歸華府。

2月29日

國內

湖北宜城改名自忠，以紀念張故總司令。

【編註：原文如此，本年2月並無29日，且宜城改名自忠早在民國33年7月。】

3月1日

國內

　　主席在憲政實施會宣佈須經國民會議始可還政於民，定十一月十二日召開國民大會。

國際

　　羅總統在國會報告會議目的，第一為以最高速度擊潰德國，第二為繼續建立國際和協之基礎。

3月2日

國內

　　我軍分兩路向遂川進攻。

3月3日

國內

　　留在曲江、南雄、樂昌之我軍向敵圍攻。

國際

　　美軍攻抵萊茵河岸並砲擊科隆城。

3月4日

國內

　　我軍三面向遂川進攻。

國際

　　白俄羅斯第一戰線自科爾堡攻抵波羅的海。

192 | 閻錫山故居所藏第二戰區史料 **第二戰區抗戰大事記**（1943-1945）
Historical Documents of the Second Theater in the Yan Hsi-shan's Residence
The Daily Records of the Second Theater in the Second Sino-Japanese War, 1943-1945

3月5日
國內

巨機空襲廈門三小時。

國際

美第一軍攻入德第四大城科隆。

中、美、英、蘇四國向聯合國發函出席舊金山會議

請柬。

3月6日
國際

美第三軍向科不士林疾進。

3月7日
國內

蒙巴頓及其夫人抵渝晉謁蔣主席。

國際

美第一軍在科隆以南渡過萊因河。

3月8日
國內

我軍迫近遂川城郊。

國際

我第一軍完全佔領臘戌，英十四軍突入瓦城。

3 月 9 日

國內

我政府授蒙巴頓大綬雲麾勛章。

國際

美超級空中堡壘三百架在東京投燃燒彈千噸。凝結汽油彈。

越南日軍解除法軍武裝。

3 月 10 日

國內

我軍攻克遂川東北十五公里之雲田墟機場。

3 月 11 日

國內

贛西我軍攻入遂川城。

國際

安南國王鮑台宣佈廢止法越條約，宣佈獨立，以全力與日本合作。

英軍攻克瓦城之要塞都佛林。

3 月 12 日

國內

攻克遂川我軍向贛縣進攻。

國際

美軍第四十一師解放民答那峨首府三寶顏。

蘇軍佔領奧得河東之庫斯特林。

194 | 閻錫山故居所藏第二戰區史料 **第二戰區抗戰大事記**（1943-1945）
Historical Documents of the Second Theater in the Yan Hsi-shan's Residence
The Daily Records of the Second Theater in the Second Sino-Japanese War, 1943-1945

3月13日

國內

殘敵在杭嘉湖一帶，實行所謂掃蕩戰。

3月14日

國內

湘南資興向敵進攻。

國際

美軍佔領呂宋第二大城八打雁。

3月15日

國際

東京組織人民特別攻擊隊以防盟軍登陸。

3月16日

國內

大庾以南梅嶺之我軍向敵襲擊。

國際

硫磺島戰爭結束，尼米茲就任軍事總督。

緬境我第五師攻佔西保。

3月17日

國內

我軍攻至大庾北門。

國際

阿拉伯各國在開羅舉行大會。

3 月 18 日
國內

我軍渡越贛江，向天竺山敵進攻。

國際

美轟炸機三千架向柏林投擲燃燒彈六十七萬五千五百枚。

3 月 19 日
國際

美航艦飛機一千四百架襲九州、四國、本州等日海軍掩蔽地區後，向琉球島駛去。

3 月 20 日
國際

薩爾區美軍佔領薩爾布律根等地。

英印軍佔領瓦城。

3 月 21 日
國內

盟機一百廿架轟炸海南島。

敵以四師團兵力自荊門、嵩縣、魯山等地向鄂北、豫南進犯。

國際

盟機一萬一千架轟炸德境。

196 閻錫山故居所藏第二戰區史料 **第二戰區抗戰大事記**（1943-1945）
Historical Documents of the Second Theater in the Yan Hsi-shan's Residence
The Daily Records of the Second Theater in the Second Sino-Japanese War, 1943-1945

3月22日

國內

由荊門出犯之敵第三十九師團與我軍在白雲山激戰，團長陳振凱率部壯烈陣亡。

豫南敵機向南陽、方城偵察。

國際

烏克蘭第三戰線部隊向維也納方面發動攻勢。

阿拉伯國家簽訂聯盟協定。

3月23日

國內

鄂北敵突入自忠縣，魯山敵亦突入南召，洛寧敵亦向長水進犯。

國際

美第三軍佔領萊因東岸之維威特。

法政府宣佈越南解放後可組聯邦政府。

3月24日

國內

豫南敵突入方城，向西南進犯，南召敵侵至距城五十里之南河店。

國際

盟方第廿一集團軍在魯爾區北部三路渡過萊因河，佔領魏塞爾。

敵組國民自衛軍，企圖將戰爭延長二十年。

3 月 25 日

國內

行政院發表宋子文、顧維鈞、王寵惠、魏道明、胡適、吳貽芳、李璜、張君勱、董必武、胡霖為出席舊金山會議代表。

國際

美第四裝甲師突入法蘭克福。

美軍對琉球實施廿四時海空攻擊後登陸渡嘉敷島。

3 月 26 日

國內

中美空軍飛豫南前線助戰。

敵一部侵入新野境。

美前任物資統制局長亨德遜抵渝。

國際

美機六百架空襲沖繩島首府那霸。

3 月 27 日

國內

南陽附近在激戰中，空軍轟炸進犯老河口之敵。

國際

美第七軍自曼尼漢渡過萊因河。

敵翼贊政治會宣告解散。

阿根庭對軸心宣戰。

198 | 閻錫山故居所藏第二戰區史料 **第二戰區抗戰大事記**（1943-1945）
Historical Documents of the Second Theater in the Yan Hsi-shan's Residence
The Daily Records of the Second Theater in the Second Sino-Japanese War, 1943-1945

3月28日

國內

敵步騎兵由鎮平向內鄉進犯。

向贛進攻之我軍抵城郊三里之地。

國際

美航艦飛機轟炸九州佐世保。

3月29日

國內

敵向南陽、襄陽城猛攻，並竄入南漳。

國際

蘇軍第二白俄羅斯部隊佔領但澤。

3月30日

國內

敵一部向老河口進攻。

國際

敵大日本政治會成立，由南次郎大將任總裁。

3月31日

國內

敵寇侵入南陽城內被逐退，我軍並克復嵩縣城。

國際

英第二軍、美第一軍、第九軍將魯爾區包圍。

美第十軍在沖繩島西之神山島與前島登陸。

　　英、美宣佈拒絕蘇聯所提盧布林波政府參加聯合國
會議之要求。

200 閻錫山故居所藏第二戰區史料 **第二戰區抗戰大事記**（1943-1945）
Historical Documents of the Second Theater in the Yan Hsi-shan's Residence
The Daily Records of the Second Theater in the Second Sino-Japanese War, 1943-1945

4月1日

國內

後勤司令部成立六個補給區，與美軍合作辦理供應運輸。

國際

美第十軍於清晨八時在沖繩島西岸登陸。

美第三軍進入卡塞爾。

4月2日

國內

南陽、內鄉兩城被敵侵入。

衛立煌在昆明就副總司令職。

國際

在國際關係複雜中，邱吉爾夫人抵莫斯科。

巨機策應琉球戰役，轟炸東京軍事目標。

4月3日

國內

西峽口附近激戰，敵一度侵入淅川。

國際

衝入奧境之蘇軍開始圍攻維也納。

美國務卿邀集英、蘇、中大使商舊金山會議之組織程序。

4月4日
國內
贛縣外圍我軍進至建春門河岸。
國際
蘇聯通知倭使，日蘇中立盟約期滿即行廢止。

美參謀首長會議宣佈，太平洋區由麥克阿瑟統率陸軍，尼米茲統率海軍。

4月5日
國內
西峽口以西至重陽店之敵被我軍包圍。

美港遭戰爭以來盟機之首次轟炸。
國際
琉球島外日美海戰，美軍損失巡洋艦、驅逐艦各三艘。

敵小磯內閣總辭職，樞密院議長海軍大將鈴木貫太郎奉令組新閣。

4月6日
國內
藉戰車掩護突入老河口之敵被我軍殲滅。
國際
美陸軍戰鬥機首次掩護巨機轟炸名古屋。

智利對日宣戰。

閻錫山故居所藏第二戰區史料 **第二戰區抗戰大事記**（1943-1945）
Historical Documents of the Second Theater in the Yan Hsi-shan's Residence
The Daily Records of the Second Theater in the Second Sino-Japanese War, 1943-1945

4月7日

二戰區

美機襲擊安邑敵騎兵擊中地。

國內

空軍第一大隊向西峽口沿路轟炸。

國際

敵新閣組成，東鄉茂德任外相，阿南惟幾任陸相，米內任海相。

敵為加強本土防禦，設陸軍及航空統帥部，由杉山元及畑俊六分任統帥。

敵機襲琉球島外美艦隊，被擊落一百五十架，擊沉敵大和號主力艦一艘。

4月8日

國內

豫南我軍向鄧縣反攻，並攻入遂平。

國際

美國通知意大利，不能派代表出席舊金山會議。

4月9日

國內

敵再度攻入南漳城。

敵為侵佔芷江機場，分三路開始向湘西進犯，正面由寶慶沿公路進犯，右翼自永豐向西前進，左翼自東安西犯。

國際

汎美各國與英、荷等國，一致承認阿根庭。

蘇軍佔領東普魯士首府哥尼斯堡。

英機轟炸基爾，將德袖珍艦希爾號擊沉。

4 月 10 日

國內

豫西我軍克復長水鎮。

國際

美第九軍攻佔德國軍火要地埃森及漢諾威。

4 月 11 日

國內

老河口陷入敵手，我軍下午開始全線反攻。

國際

智利對日宣戰，西班牙對日絕交。

蘇、南簽訂二十五年同盟協定。

前德駐土大使在魯爾區被俘。

4 月 12 日

國內

我生力軍攻克老河口。

國際

美國第九軍在馬德堡以北渡過易北河。

羅斯福總統逝世於喬治亞州之溫泉，副總統杜魯門深夜宣佈就任第三十三任總統職。

204 | 閻錫山故居所藏第二戰區史料 **第二戰區抗戰大事記**（1943-1945）
Historical Documents of the Second Theater in the Yan Hsi-shan's Residence
The Daily Records of the Second Theater in the Second Sino-Japanese War, 1943-1945

4月13日

國內

我軍向老河口東北地區之馬頭山、雲台山、雷公殿
等地猛攻。

國際

蘇軍佔領維也納。

巨機四百架轟炸東京，敵皇宮著火。

4月14日

國內

我軍猛攻襄陽、自忠兩地，豫南攻佔南召。

國際

杜魯門向世界保證外交政策不變，決完成故總統事
功。

蘇軍一百五十萬對柏林開始總攻。

4月15日

國內

鄂北我軍克復襄陽。

國際

羅斯福總統安葬於海德公園。

赫爾利自倫敦到莫斯科。

4月16日

國內

我軍續克自忠。

陪都各界追悼羅總統。

國際

　　杜魯門在國會宣佈加強作戰，德、日須無條件投降，爭取和平，創立國際機構。

4 月 17 日

國內

　　豫南我軍克復老河口。

國際

　　德機二日被毀一千五百餘架。

4 月 18 日

國內

　　鄂北我軍攻克樊城。

國際

　　美軍佔領紐倫堡，並攻入來比錫、馬德堡。

4 月 19 日

國內

　　湘西敵我在益陽西桃花江激戰。

國際

　　美政府二次拒絕蘇聯要求波臨時政府出席會議要求。

　　魯爾區德軍停止抵抗，守將莫德爾自死。

206 | 閻錫山故居所藏第二戰區史料 **第二戰區抗戰大事記**（1943-1945）
Historical Documents of the Second Theater in the Yan Hsi-shan's Residence
The Daily Records of the Second Theater in the Second Sino-Japanese War, 1943-1945

4月20日

國內

從軍女青年在渝入營受訓。

美空軍二十八批襲擊深入新化、新寧日軍。

國際

英軍第七裝甲師攻入漢堡。

盟國空軍為協助蘇軍，自三面襲擊柏林。

4月21日

國內

湘西寶慶西北我軍阻敵前進。

國際

蘇軍開始砲擊柏林市中心區。

義北盟軍佔領波倫亞。

蘇聯與波蘭臨時政府簽訂互助協定。

4月22日

國內

美大使赫爾利返渝。

國際

白俄羅斯第一戰線蘇軍自柏林東北攻入市內。

蘇外長莫洛托夫抵美謁杜魯門總統。

4月23日

國內

湘西桃花坪附近敵向高沙市進犯。

中共七屆大會在延安開幕。

國際

希特勒親率柏林老幼進行首都保衛戰。

巴頓所部突然南指，法軍佔領斯圖加特。

美、英、蘇三國外長會談後，美總統召各部長會議。

波蘭問題留待大會解決，

4月24日

國內

豫南西峽口我軍擊退敵二度反攻，湘西在寶慶西放洞激戰。

國內

緬甸英軍佔領平蠻。

美第三、第七兩軍會師後，向莫尼黑前進。

法貝當元帥經瑞士回國申請受審。

斯退丁紐斯宣佈英、美同意支持中國建議，憲章內對正義原則予以適當建議。

4月25日

國內

湘西在資水以西、武岡以南及山門等地激戰。

國際

美總統赴陸軍部與各將領會商德所提向英、美投降，決定德須向英、美、蘇三國投降。

聯合國會議由斯退丁紐斯主持，在舊金山開幕。

英軍佔領緬境產油區仁安羌。

208 | 閻錫山故居所藏第二戰區史料 **第二戰區抗戰大事記**（1943-1945）
Historical Documents of the Second Theater in the Yan Hsi-shan's Residence
The Daily Records of the Second Theater in the Second Sino-Japanese War, 1943-1945

4月26日

國內

湘西在放洞白馬山地區激戰。

國際

德境蘇軍佔領斯得丁，捷境佔領布爾諾，德累斯頓以東德軍發動最後攻勢。

聯合國會議向外民發表演說，照美、中、蘇、英次序發表。

英印軍佔領仰光以北一百四十哩之東瓜。

首次全體會議通過安全理事會之十一國委員，即五大國與伊朗、比利時、南斯拉夫、加拿大、巴西、墨西哥。

美、蘇軍在柏林以南七十五哩易北河上之突爾高會師。

4月27日

國際

蘇外長提三項要求：

一、常任理事對於任何對其本身使用武力之決議應有否決權。

二、蘇聯在大會中應有三票之權。

三、會議中由四國代表輪任主席。

第一、二項已經同意，第三項擱議。

聯合會議通中、美、英、蘇四國外長任大會主席，惟主持會議職權，交由斯退丁紐斯執行，並通過白俄羅斯、烏克蘭為會員國。

義游擊隊將莫索里尼槍決棄屍米蘭市。

4 月 28 日
國內

赫爾利表示美國對中國的政策，英、蘇完全贊同。

4 月 29 日
國內

湘西武岡城屹立無恙，並在城步以北武陽鎮附近退敵三次進攻。

國際

義境德軍統帥魏丁豪夫與盟軍總部簽訂投降條款，德第二十二師團、戰車六師團規定自五月二日起與盟軍停止作戰。

4 月 30 日
國內

蘇聯新任駐華大使彼得羅夫抵渝。

國際

希姆萊再向美、英、蘇提新投降要求。

蘇聯組織奧地利新政府，英、美聲明不承認。

聯合國會以二十八票對七票否決莫洛托夫所提將阿根廷問題延緩數日之請求，繼以三十一票對四票通過請阿參加會議。我因與阿無外交關係，故廢票。

210 | 閻錫山故居所藏第二戰區史料 **第二戰區抗戰大事記**（1943-1945）
Historical Documents of the Second Theater in the Yan Hsi-shan's Residence
The Daily Records of the Second Theater in the Second Sino-Japanese War, 1943-1945

5月1日

國內

湘西我軍克復武陽鎮。

國際

豐田副武任敵海軍最高統帥。

舊金山六次會議通過十二個委員會名單。我任區域
規劃會祕書。

法外長在大會務求法國獲得全部頭等國的權責。

法國普選結果，共產黨獲勝。

希特勒在德總理府其總部逝世，柏林血戰終止。

5月2日

國內

我陸空軍協同，痛擊向雪峰山進犯之敵第二一七聯
隊，將敵左翼擊潰。

國際

韓駐華府代表正式要求與會，未邀准。

英、蘇軍在盧卑格東三十英里之威斯馬爾會師。

5月3日

豫南我軍一渡攻入內鄉城。

犯湘西敵右翼被我阻於沅水之洋溪橋，正面敵仍被
阻於洞口。

國際

英軍進入緬甸首府仰光。

漢堡德軍向英軍投降。

美機首次襲朝鮮之釜山港。

5月4日
國內

湘西我軍向新寧、武崗等處攻擊前進。

國際

德西北部、丹麥、荷蘭等地德軍向英、美軍整個投降。

英、美、法向蘇提出抗議奧地倫納政府之成立，未按亞爾達會議而諮商。

5月5日
國內

六全代會在復興關青年幹部學校舉行開幕。

美軍總部發表中印油管敷設完成。

國際

四大國代表宣佈我所提之尊重正義原則與國際法將列首章。

英、美政府發表聲明，蘇聯通知英、美三月間回國之波蘭民主派領袖多人已被捕，故英、美、蘇對波問題之商談暫停進行。

蘇通訊社聲明被捕波人均犯有於蘇軍後方從事牽制戰之罪，渠等並非法裝置無線電發報機。

奧境四十萬德軍向美投降。

212 | 閻錫山故居所藏第二戰區史料 **第二戰區抗戰大事記**（1943-1945）
Historical Documents of the Second Theater in the Yan Hsi-shan's Residence
The Daily Records of the Second Theater in the Second Sino-Japanese War, 1943-1945

5月6日

國內

湘西我軍克復新寧城。

國際

美軍解放民答那峨之達佛港。

美第三軍進入距捷京五十哩之比爾森及距奧京五十五哩之林茲。

5月7日

國內

攻達武岡郊區之我軍同守城軍隊會合。

國際

德參謀總長季德爾代表德政府在法國理姆斯盟軍總部簽訂無條件投降書，規定自八日下午十一時起停止戰鬥行為，德軍停留原陣地，聽候盟軍及蘇軍總部之命令。

法敦刻爾克、聖瑪洛爾、羅利昂、羅舍普特等港德軍投降。

5月8日

國內

西峽口以西我軍將侵大小韓莊敵殲滅三十餘人。

湘西我軍開始總反攻。

國際

同盟國定八日為勝利日，杜、邱發表講演。

杜尼茲廣播德國權力盡為佔領軍所有，希望未來兒童能在和平時獲得安全與自由。

下午十一時德國無條件投降，在柏林舉行批准儀式。

5 月 9 日
國內

歐戰結束，我國懸旗三天以表慶祝。

蘇聯駐華大使彼得羅夫呈遞國書。

湘西敵被殲後退，我乘勝向東追擊，進展三十里。

國際

英國務大臣對下院報告，英官員除短期外，不能進入蘇軍佔領區，波蘭領袖是否仍在人間，則不敢保。

蘇聯定九日為勝利日。

蘇軍進入捷克京城布拉格。

蘇代表離舊金山返美。

5 月 10 日
國內

湘西我軍克復洞口。

國際

巨機四五架向九州敵進襲燃料供應地。

5 月 11 日至 16 日

【原稿缺】

5 月 17 日
國內

浙江我軍克復武義。

214 | 閻錫山故居所藏第二戰區史料 **第二戰區抗戰大事記**（1943-1945）
Historical Documents of the Second Theater in the Yan Hsi-shan's Residence
The Daily Records of the Second Theater in the Second Sino-Japanese War, 1943-1945

陝縣南官道口、姚店嶺等地我軍苦守殉難。

國際

敵大政翼贊會宣告解散。

英公佈戰後對緬政策，允其有自治之希望。

蘇軍大規模夏季作戰訓練在高加索開始。

5月18日

國內

五全會十七次會通過本黨政綱政策案，十八次會通過軍中學校取消黨部，三青團改歸政府，及政治結社法等案。

我軍完全克復福州城，敵向馬尾退去。

國際

法軍三萬參加琉球島戰事。

法軍五百抵黎巴嫩首都貝魯特。

5月19日

國內

六全會通過戰士授田及土地資金化案。

閩江右岸我克復長樂城，左岸克復馬尾。

六全會選出中委二二二名、候補中委九十名，監委一〇四名、候補監委四十四名。

國際

亞歷山大警告狄托之以武力奪取意國的里雅斯德，無異德、日行動。

5 月 20 日

國內

廣西我克河池，敵向宜山退去。

國際

敵方否認其經蘇聯對英、美求和之說。

5 月 21 日

國內

六全大會閉幕。

桂西我續克金城江。湘西桃花坪敵數度反撲未逞。

國際

英國工黨舉行會議反對邱吉爾維持聯合政府。

美否認亞爾達會議為協定將韓國置於蘇聯範圍內。

5 月 22 日

國內

閩我克復連江。桂克貴縣。

國際

祖籍波蘭之美國人向聯合國運動請蘇軍撤出波蘭。

塞爾維亞團體要求將南國置於盟國管制之下。

5 月 23 日

國內

桂南我軍佔領三塘，迫進南寧，桂西克復思恩。

國際

邱吉爾向英王辭職。

216 | 閻錫山故居所藏第二戰區史料 **第二戰區抗戰大事記**（1943-1945）
Historical Documents of the Second Theater in the Yan Hsi-shan's Residence
The Daily Records of the Second Theater in the Second Sino-Japanese War, 1943-1945

美總統派霍浦金斯及戴維斯出使蘇、英。

盟軍將杜尼茲逮捕。

德前內政部長希姆萊在英第二軍部服毒自殺。

5月24日

國內

桂西我克懷遠，敵退龍江東岸。

陝縣南我陸空聯合開始反攻，將敵第一線陣地突破。

國際

巨機五五〇架轟炸東京。

國際托治制，五國同意接受亞爾達決議。

5月25日

國內

陝縣南我軍攻克寺河街、牛心廟、岔道口等地。

國際

日機襲琉球島，被擊落一百一十架，美艦十一艘受傷。

5月26日

國內

陝州南我軍將包圍於大崗等地敵消滅殆盡，進至距陝縣四十里之地。

國際

邱吉爾宣布在大選前看守內閣的人選。

巨機五百架再度轟炸東京，投燃燒彈四千噸，巨機

損失十九架。

5 月 27 日
國內

　　三路進攻南寧之我軍經激戰後佔領該地，分向邕賓、邕龍兩路進展。

國際

　　愛森豪威爾總部移至德境法蘭克福。

5 月 28 日
國內

　　西峽口西我軍渡過老灌河，陝州南我軍則向北推進。

國際

　　日機襲琉球島，被擊落七十七架，美軍艦一艘沉沒，十二艘受傷。

5 月 29 日
國內

　　六屆一中全會在復興關開幕。

國際

　　日軍血戰三十日後退出首里，美海軍陸戰隊第六師佔領運河西之那霸市。

　　敵海軍統帥豐田副武調軍令部長，遺缺由小澤治三郎繼任。

　　巨機五百架轟炸敵橫濱及東京，投燃燒彈三千二百噸。

218 閻錫山故居所藏第二戰區史料 **第二戰區抗戰大事記**（1943-1945）
Historical Documents of the Second Theater in the Yan Hsi-shan's Residence
The Daily Records of the Second Theater in the Second Sino-Japanese War, 1943-1945

5月30日

國內

我與荷蘭的平等新約在英簽字。

空軍第四大隊出擊南京。

國際

法機及大砲轟擊敘利亞首都大馬士革，法堅持法有
行動自由權。

5月31日

【無記載】

6月1日至15日

【無記載】

6月16日

國內

中共宣佈不參加參政會議。

6月17日至30日

【無記載】

220 | 閻錫山故居所藏第二戰區史料 **第二戰區抗戰大事記**（1943-1945）
Historical Documents of the Second Theater in the Yan Hsi-shan's Residence
The Daily Records of the Second Theater in the Second Sino-Japanese War, 1943-1945

7月1日

【無記載】

7月2日

國內

黃炎培等六參政員抵延安。

民國史料 62

閻錫山故居所藏第二戰區史料
第二戰區抗戰大事記
（1943-1945）

Historical Documents of the Second Theater
in the Yan Hsi-shan's Residence
The Daily Records of the Second Theater in the Second
Sino-Japanese War, 1943-1945

原　　編　第二戰區司令長官司令部現代化編譯組
編　　輯　民國歷史文化學社編輯部
總 編 輯　陳新林、呂芳上
執行編輯　林弘毅
封面設計　溫心忻
排　　版　溫心忻
助理編輯　劉安哲

出　　版　🛡 開源書局出版有限公司

香港金鐘夏慤道 18 號海富中心
1 座 26 樓 06 室
TEL：+852-35860995

🌸 民國歷史文化學社 有限公司

10646 台北市大安區羅斯福路三段
37 號 7 樓之 1
TEL：+886-2-2369-6912
FAX：+886-2-2369-6990

http://www.rchcs.com.tw

初版一刷　2022 年 4 月 30 日
定　　價　新台幣 350 元
　　　　　港　幣 95 元
　　　　　美　元 13 元
I S B N　978-626-7036-87-7
印　　刷　長達印刷有限公司
台北市西園路二段 50 巷 4 弄 21 號
TEL：+886-2-2304-0488

資料提供：臺北市政府文化局
　　　　　閻伯川紀念會

國家圖書館出版品預行編目 (CIP) 資料
閻錫山故居所藏第二戰區史料：第二戰區抗戰大
事記 (1943-1945) = Historical documents of the
second theater in the Yan Hsi-shan's residence
: the daily records of the second theater in the
Second Sino-Japanese War, 1943-1945/ 第二戰
區司令長官司令部現代化編譯組原編.-- 初版.--
臺北市：民國歷史文化學社有限公司, 2022.04
　　面；　公分.--（民國史料；62）
　ISBN　978-626-7036-87-7（平裝）
1.CST: 中日戰爭　2.CST: 史料
628.5　　　　　　　　　　　　111005452